HANA韓国語教育研究会

はじめに

大好きなK-POPで韓国語を勉強しよう！

韓国の大衆音楽がK-POPと呼ばれ、アーティスト達が積極的に日本で活動するようになったのは2000年代初頭。それから約10年、日韓の大手音楽レーベルの提携や、サッカーの日韓ワールドカップ、『冬のソナタ』をはじめとする韓流ブームの到来が後押しし、K-POPを取り巻く環境は劇的に変化しました。今や日本でのK-POPは、一時的なブームではなく、幅広い世代で日韓の文化交流の源流となっています。この本をお手に取ってくださった皆さんも、そんなK-POPが大好なために韓国に、そして韓国語に興味を持たれたのではないでしょうか。そんなK-POPへの愛こそ学習の原動力！

この本は、皆さんの大好きなK-POPの歌詞を使って韓国語の文法を学んだり、単語を覚えたり、実際に歌って発音の練習をしたりできる学習書です。この本に掲載した曲以外にも、好きなK-POPを使って学習を続けていける方法が、たくさん詰まっています。日々の学習に、K-POPを使った学習をぜひ取り入れてください。韓国語学習が楽しくなるだけでなく、単語力や読解力、発音、ヒアリング力、全ての能力がバランスよくアップするのを実感できるでしょう。

HANA韓国語教育研究会

目次

はじめに ……………………………………………… 2

この本の構成 ………………………………………… 4

本編

♪01 미스터(ミスター) / KARA ……………………… 8
♪02 Tell me / Wonder Girls ………………………… 16
♪03 SORRY, SORRY / Super Junior ………………… 22
♪04 Gee / 소녀시대(少女時代) ……………………… 30
♪05 죽어도 못 보내(死んでも離さない) / 2AM …… 38
♪06 Only One / BoA ………………………………… 46
♪07 HUG / 동방신기(東方神起) …………………… 54
♪08 좋은 날(いい日) / IU …………………………… 60
♪09 줄리엣(ジュリエット) / SHINee ………………… 68
♪10 하루하루(一日一日) / BigBang ………………… 76
練習問題の解答 …………………………………… 86

巻末付録

韓国語の基礎 ……………………………………… 88
辞書の引き方 ……………………………………… 112
語尾・表現集 ……………………………………… 122
ハングルのタイピング法 ………………………… 130

この本の構成

本編

〈 人気のあるK-POPを10曲掲載 〉

K-POPを使って韓国語の学習をします。10曲の中から好きな曲を選び、その歌詞で韓国語の文法を学んだり、単語を覚えたり、発音の練習をしたりすることができます。詳しい使い方は右ページでご紹介します。

〈 歌詞に登場した文法の解説と練習 〉

曲の歌詞の中から、日常生活で使えるものを取り上げ、詳しく解説しました。文法の形態、例文、練習問題が付いているので、より理解が深まることでしょう。練習問題の解答はP.86に掲載されています。

巻末付録

〈 韓国語の基礎 〉

ハングルの読み方や、韓国語の基本文法など、韓国語の基礎をおさらいできるページです。本編の学習中に分からないことが出てきたら、参考にしてください。

〈 辞書の引き方 〉

韓日辞書の引き方の基本や、探したい単語を正確に引くコツを掲載しました。本編の学習中に分からない単語を調べるのはもちろん、本書に掲載した10曲以外のK-POPの歌詞を調べるときに大変役立ちます。

〈 語尾・表現集 〉

本編の曲中に登場した語尾はもちろん、K-POPの歌詞によく登場する語尾・表現の一覧です。

〈 ハングルのタイピング法 〉

パソコンやスマートフォンでハングルをタイピングする方法を掲載しました。学習中のK-POPを実際に聴いてみるには、インターネットの動画配信サイトが便利。歌手名、曲名を検索すればいつでもどこでも聴くことができますよ。

本編の使い方

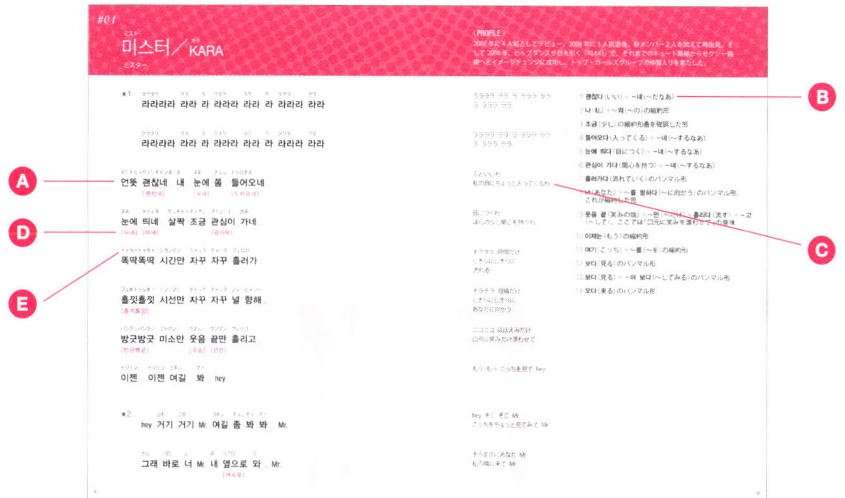

STEP 1

韓国語の歌詞（A）を見て、分からない単語があれば辞書で調べましょう。次に解説（B）を見ながら文法を理解します。歌詞の日本語訳（C）にはなるべく頼らず、訳は答え合わせのつもりで使うといいでしょう。

※ 解説では、名詞（代名詞）や副詞に付く助詞は「〜」で、語幹に付く語尾を「-」で掲載しました。
※ 日本語の訳は、学習の助けになるよう逐語訳になっています。ただし、原文に含まれていない言葉でも、日本語訳に現れる場合は（ ）で示しました。

STEP 2

歌詞の内容が頭に入ってきたら、実際の発音（D）を確認しながら音読してみましょう。なるべく片仮名のルビ（E）は見ずに、よどみなく読めるまで何回も練習します。実際に曲に乗せて歌ってみるのもいいですね。

〈掲載曲以外のK-POPで勉強する方法〉

この本に掲載されている曲以外でも学習方法は同じです。好きなK-POPの歌詞をノートの左ページに書き出します（①）。分からない単語や文法を調べ、右ページの右半分（②）に書き出しながら、歌詞の意味を理解しましょう。それを踏まえて1行ずつ翻訳をし、完成した日本語訳を書きます（③）。あとは、すらすらと読めるようになるまでひたすら音読し、曲に乗せて歌いましょう。

Copyright

掲載されている楽曲は以下の著作権によって保護されています。

MISTER
Words by Kim Seung Soo, Han Jae Ho and Song Soo Yun／Music by Kim Seung Soo and Han Jae Ho
©FUJIPACIFIC MUSIC KOREA INC. The rights for Japan assigned to FUJIPACIFIC MUSIC INC.

TELL ME
Words & Music by John Dixon Mitchell and Park Jin Young
©EMI MUSIC PUBLISHING(WP) LTD. The rights for Japan assigned to FUJIPACIFIC MUSIC INC.
©Copyright by A Soul Publishing
The rights for Japan licensed to Sony Music Publishing (Japan) Inc.

SORRY, SORRY
(YOO,Young Jin)
©2009 by S.M.ENTERTAINMENT Rights for Japan controlled by avex entertainment inc.

GEE
(E-TRIBE)
©2009 by S.M.ENTERTAINMENT Rights for Japan controlled by avex entertainment inc.

JUK EO DO MOT BO NAE
Words & Music by Si Hyeok Bang
©Copyright by Sony/ATV Music Pub(HK) (Korea Branch)
The rights for Japan licensed to Sony Music Publishing (Japan) Inc.

ONLY ONE
(BoA)
©2013 by S.M.ENTERTAINMENT Rights for Japan controlled by avex entertainment inc.

HUG
Words by Kwon Yun Jung／Words & Music by Park Chang Hyun
©FUJIPACIFIC MUSIC KOREA INC. The rights for Japan assigned to FUJIPACIFIC MUSIC INC.

JOHEUN NAL
Words by Kim Ea Na／Music by Lee Min Soo
©NEGANETWORK.COM The rights for Japan assigned to FUJIPACIFIC MUSIC INC.

JULIETTE
Words & Music by Joseph Belmaati, Mich Hedin Hansen, Jay Sean and Mikkel Sigvardt
©BUCKS MUSIC GROUP LTD. The rights for Japan assigned to KEW MUSIC JAPAN CO.,LTD.
©Copyright by UNIVERSAL MUSIC PUBLISHING AB
All Rights Reserved. International Copyright Secured.
Print rights for Japan controlled by Shinko Music Entertainment Co.,Ltd.
©Copyright by CUTFATHER PUBLISHING LIMITED and JOE BELMAATI PUBLISHING LIMITED
All rights reserved. Used by permission.
Print rights for Japan administered by YAMAHA MUSIC PUBLISHING, INC.

HARU HARU
Words by G DRAGON／Music by DAISHI DANCE
©2008 Double Culture Partners Co.Ltd.

本編

♪01	미스터（ミスター）/ KARA …………………………	8
♪02	Tell me / Wonder Girls ………………………………	16
♪03	SORRY, SORRY / Super Junior ………………………	22
♪04	Gee / 소녀시대（少女時代）…………………………	30
♪05	죽어도 못 보내（死んでも離さない）/ 2AM ………	38
♪06	Only One / BoA………………………………………	46
♪07	HUG / 동방신기（東方神起）………………………	54
♪08	좋은 날（いい日）/ IU ………………………………	60
♪09	줄리엣（ジュリエット）/ SHINee …………………	68
♪10	하루하루（一日一日）/ BigBang ……………………	76
	練習問題の解答……………………………………………	86

#01 미스터 / KARA
ミスター

★1
ラララララララ ラ ラララ ララ ラ ラララ ララ
라라라라 라라 라 라라라 라라 라 라라라 라라

ラララララララ ラ ラララ ララ ラ ラララ ララ
라라라라 라라 라 라라라 라라 라 라라라 라라

オントゥック ェンチャンネ ネ ヌネ チョム ドゥロオネ
언뜻 괜찮네 [1] 내 [2] 눈에 쫌 [3] 들어오네 [4]
[괜찬네]　　[누네]　　[드러오네]

ヌネ トゥイネ サルチャクチョグム グァンシミ ガネ
눈에 띄네 [5] 살짝 조금 관심이 가네 [6]
[누네] [띠네]　　　　[관시미]

トクタクトクタク シガンマン チャック チャック フルロガ
똑딱똑딱 시간만 자꾸 자꾸 흘러가 [7]

フルキトゥルキッ シソンマン チャック チャック ノル ヒャンヘ
흘깃흘깃 시선만 자꾸 자꾸 널 향해 [8]
[흘끼틀낌]

パングッパングッ ミソマン ウスム クンマン フルリゴ
방긋방긋 미소만 웃음 끝만 흘리고 [9]
[방글빵글]　　　[우슴] [끈만]

イジェン イジェン ヨギル ボア
이젠 [10] 이젠 여길 [11] 봐 [12] hey

★2　　　コギ　コギ　　 ヨギル チョムボア ボア
　　hey 거기 거기 Mr. 여길 좀 봐 봐 [13] Mr.

クレ パロ ノ ネ ヨプロ ワ
그래 바로 너 Mr. 내 옆으로 와 [14] Mr.
　　　　　　　　　[여프로]

〈 PROFILE 〉
2007年に4人組としてデビュー。2008年に1人脱退後、新メンバー2人を加えて再出発。そして2009年、ヒップダンスが目を引く「미스터」で、それまでのキュート路線からセクシー路線へとイメージチェンジに成功し、トップ・ガールズグループの仲間入りを果たした。

ラララララ ララ ラ ラララ ララ
ラ ラララ ララ

ラララララ ララ ラ ラララ ララ
ラ ラララ ララ

ふといいわ
私の目にちょっと入ってくるわ

目につくわ
ほんの少し関心を持つわ

チクタク 時間だけ
しきりにしきりに
流れる

チラチラ 視線だけ
しきりにしきりに
あなたに向かう

ニコニコ ほほえみだけ
口元に笑みだけ漂わせて

もう もう こっちを見て hey

hey そこ そこ Mr.
こっちをちょっと見てみて Mr.

そうまさにあなた Mr.
私の隣に来て Mr.

1 괜찮다（いい）＋-네（〜だなあ）
2 나（私）＋〜의（〜の）の縮約形
3 조금（少し）の縮約形좀を強調した形
4 들어오다（入ってくる）＋-네（〜するなあ）
5 눈에 띄다（目につく）＋-네（〜するなあ）
6 관심이 가다（関心を持つ）＋-네（〜するなあ）
7 흘러가다（流れていく）のパンマル形
8 너（あなた）＋〜를 향하다（〜に向かう）のパンマル形。これが縮約した形
9 웃음 끝（笑みの端）＋〜만（〜だけ）＋흘리다（流す）＋-고（〜して）。ここでは「口元に笑みを漂わせて」の意味
10 이제는（もう）の縮約形
11 여기（こっち）＋〜를（〜を）の縮約形
12 보다（見る）のパンマル形
13 보다（見る）＋-아 보다（〜してみる）のパンマル形
14 오다（来る）のパンマル形

#01 미스터／KARA

　　　　　　ヨギ　　　　　　イジェン　ナル　　　ボァ　ボァ
　　hey 여기 Mr. 이젠 날 15 봐 봐 Mr.

　　　　ハンチャムパレッソ　　　　　　　イルミ　　ムォヤ
　　한참 바랬어 16 Mr. 이름이 뭐야 17 Mr.
　　　　[바래써]　　　　　　　　[이르미]

★1をリピート

　　オルピッ ナル ボネ　　シソニ　ト　マジュチネ
　　얼핏 날 보네 18 시선이 또 마주치네 19
　　　　　　　　　　　[시서니]

　　シソニ　マジュチン　スンガン カスミ　トジル トゥテ
　　(시선이 마주친 20 순간 가슴이 터질 듯해 21)
　　　[시서니]　　　　　　　　[가스미]　[터질 뜨태]

　　マメ　ドゥネ　チャック チョグム クァガメジネ
　　맘에 드네 22 자꾸 조금 과감해지네 23
　　[마메]　　　　　　　　　　[과가매지네]

　　コンダクコンダク カスムマン　チャック チャック トゥィオガ
　　콩닥콩닥 가슴만 자꾸 자꾸 뛰어가 24

　　ソルキッソルキッ　 クィッカマン チャック チャック ノル ヒャンヘ
　　솔깃솔깃 25 귓가만 자꾸 자꾸 널 향해
　　[솔긷쏠긷]　　　[귇까만]

　　パングッパングッ ミソマン　ウスム　クテ　ナルリゴ
　　방긋방긋 미소만 웃음 끝에 날리고 26
　　[방귿빵귿]　　　　　[우슴]　[끄테]

　　イジェン イジェン ヨギル ボァ
　　이젠 이젠 여길 봐 hey

★2をリピート
★1をリピート
★2をリピート

hey ここよ Mr.
もう私を見てみて Mr.

すごく願ったわ Mr.
名前は何なの Mr.

ふと私を見るわね
視線がまた合うわね

(視線が合った瞬間
胸が張り裂けるようだわ)

気に入ったわ
しきりに少し果敢になるわ

ドキドキ 胸だけ
しきりにしきりに
走って行く

傾いていく 耳だけ
しきりにしきりに
あなたに向かう

ニコニコ ほほえみだけ
口元の笑みに飛ばして

もう もう こっちを見て hey

15 나(私)＋〜를(〜を)の縮約形

16 바라다(願う)＋-았다(〜した)のパンマル形。本来바랐다となるが、口語では바랬다と言うことが多い

17 이름(名前)＋〜이(〜は)＋뭐(何)＋-야(〜なの？)

18 보다(見る)＋-네(〜するなあ)

19 마주치다(合う)＋-네(〜するなあ)

20 마주치다(合う)の過去連体形

21 터지다(張り裂ける)＋-ㄹ 듯하다(〜するようだ)のパンマル形

22 맘에 들다(気に入る／ㄹ脱落)＋-네(〜するなあ)。맘は마음(心)の縮約形。訳すときは過去形で「気に入ったわ」となる

23 과감해지다(果敢になる)＋-네(〜するなあ)

24 뛰어가다(走っていく)のパンマル形

25 傾いていく様を表す擬態語

26 날리다(飛ばす)＋-고(〜して)

#01 미스터／KARA

hey 거기 거기 Mr. 여기 좀 와 봐 [27] Mr.
　　コギ　コギ　　　ヨギ チョムワ ボァ

눈을 맞춰 봐 [28] Mr. 수줍어 말고 [29] Mr.
ヌヌル マッチュォボァ　　　スジュボ　マルゴ
[누늘]　　　　　　　　[수주버]

hey 여기 Mr. 네가 [30] 궁금해 Mr.
　　ヨギ　　　ニガ　　クングメ
　　　　　　　[니가]　[궁그매]

뭐든 [31] 말해 [32] 봐 Mr. 어디서 [33] 왔니 [34] Mr.
ムォドゥン　マルヘ　ボァ　　オディソ　ワンニ
　　　　　　　　　　　　　　　　　　[완니]

★1をリピート

hey そこ そこ Mr.
こっち(に)ちょっと
来てみて Mr.

目を合わせてみて Mr.
恥ずかしがらないで Mr.

hey こっち Mr.
あなたが気になるの Mr.

何でも言ってみて Mr.
どこから来たの？ Mr.

27　오다(来る)＋-아 보다(〜してみる)のパンマル形

28　맞추다(合わせる)＋-어 보다(〜してみる)のパンマル形

29　수줍어하다(恥ずかしがる)＋-지 말다(〜するのをやめる)＋-고(〜して)。수줍어하지 말고の省略形

30　〜가(〜が)が付くと너(君)が네となるが、口語ではほぼ니と発音される

31　뭐든지(何でも)の縮約形

32　本来の発音は[마래]となるが、メロディーに合わせて文字通りに発音している

33　어디(どこ)＋〜에서(〜から)の縮約形

34　오다(来る)＋-았니(〜したの？)

#01 미스터／KARA

1. 発見による感嘆を表す －네（〜するなあ、〜だなあ）

　－네は用言の語幹に付いて、話し手が直接経験し、新しく知った事実に対する感嘆の気持ちを表す語尾です。友達などの親しい間柄や、目下の人に対して用い、時に女性らしく優しい印象を与えます。丁寧語を使うべき相手には －네요（〜するんですね、〜なんですね）の形で使います。ここでは괜찮네（いいわ）、눈에 들어오네（目に入ってくるわ）、눈에 띄네（目につくわ）、관심이 가네（関心を持つわ）、시선이 마주치네（視線が合うわ）、맘에 드네（気に入ったわ）、과감해지네（果敢になるわ）と、－네を使った歌詞が多く登場しますが、これは相手に引かれ、予想外の自分自身の行動に感嘆し独り言を言うように使われています。

形態） 語幹 ＋－네　例：가네、먹네

例文） 비가 오네.　雨が降ってるなあ。
　　　커피가 정말 맛있네.　コーヒーが本当においしいね。
　　　참 예쁘네요.　とてもかわいいですね。

練習問題　下線部に、正しい韓国語を書きましょう。

① 이건 정말 ＿＿＿＿＿＿＿＿＿＿．これは本当に変だね。

② 많이 ＿＿＿＿＿＿＿．たくさん食べるね。

③ 하늘에 별이 ＿＿＿＿＿＿＿．空に星が多いね。

ヒント）① 이상하다　② 먹다　③ 많다

2. 試みを表す －아／－어 보다（〜してみる）

　－아／－어 보다は動詞や存在詞있다の語幹に付いて、その行為を試してみることを表す表現です。ここでは보다（見る）に －아 보다が付いて、語幹보－と －아が縮約し봐となり、語尾の보다にはパンマル形を作る －아が付いて縮約し봐となることで봐 봐となっています。また －아／－어 본 적の形で用いると、「〜したこと」と、経験を表す表現になります。

形態） 陽母音語幹 ＋－아 보다　例：가 보다
　　　陰母音語幹 ＋－어 보다　例：먹어 보다、있어 보다

14

例文） 이것 좀 먹어 봐.　これちょっと食べてみて。
　　　한 번 해 보세요.　一度やってみてください。
　　　가 본 적이 있습니다.　行ったことがあります。

練習問題　下線部に、正しい韓国語を書きましょう。

① 혼자 _____ . 一人で挑戦してみて。

② 내일 _____ . 明日来てみてください。

③ 한국어를 _____ 적 있어요. 韓国語を習ったことがあります。

ヒント） ① 도전하다　② 오다　③ 배우다

3. 行為の中止を表す －지 말다 （〜することをやめる）

　－지 말다は動詞や存在詞있다の語幹に付いて、その行為を中止することを表す語尾です。－지 말다は、さらに他の語尾が付いた形でもよく使われます。例えば、가다（行く）に付けた形で見ると、가지 말자（行くのをやめよう）、가지 맙시다（行くのをやめましょう）のようにです。また、가지 마세요（行かないでください）、가지 마（行くな）など、依頼や命令の形で使うと、中止ではなく禁止の意味になります。ここでは수줍어하다（恥ずかしがる）に付いて、수줍어하지 말고（恥ずかしがらないで）と、ためらう彼の気持ちを、自分に向けようとしているのです。

形態） 語幹 ＋ －지 말다　例：가지 말다、먹지 말다、있지 말다

例文） 그럼, 하지 말자.　じゃあ、やめよう。
　　　타지 마세요.　乗らないでください。
　　　떠나지 말아 줘.　去らないで。

練習問題　下線部に、正しい韓国語を書きましょう。

① 쓰레기를 _____ . ごみを捨てないで。

② 좀! _____ . ちょっと！　驚かすな。

③ 여기서 사진을 _____ . ここで写真を撮らないでください。

④ _____ , 공부 좀 해. 遊んでないで、勉強しなさい。

ヒント） ① 버리다　② 놀리다　③ 찍다　④ 놀다

#02 Tell me / Wonder Girls

너도 날 좋아할 줄은 몰랐어 어쩌면 좋아 너무나 좋아
[조아할 쭈른] [몰라써] [조아] [조아]

꿈만 같아서 나 내 자신을 자꾸 꼬집어 봐 너무나 좋아
[가타서] [자시늘] [꼬지버] [조아]

네가 날 혹시 안 좋아할까 봐 혼자 얼마나 애태운지 몰라
[니가] [혹씨] [조아할까]

그런데 네가 날 사랑한다니 어머나 다시 한 번 말해 봐
[니가] [마래]

★ Tell me, tell me, tell tell tell tell tell me

나를 사랑한다고 날 기다려 왔다고
[왇따고]

Tell me, tell me, tell tell tell tell tell me

내가 필요하다 말해 말해 줘요
[피료하다] [마래] [마래]

Tell me, tell me, tell tell tell tell tell me

자꾸만 듣고 싶어 계속 내게 말해 줘
[듣꼬] [시퍼] [게송 내게] [마래]

Tell me, tell me, tell tell tell tell tell me

꿈이 아니라고 말해 말해 줘요
[꾸미] [마래] [마래]

《 PROFILE 》
2007年デビュー。「Tell me」が大ヒットし、新人賞を総なめにした。「Tell me 旋風」と呼ばれるほどのブームを巻き起こし、警察官や軍人まで彼女たちの踊りをまねて、インターネットの動画投稿サイトに動画をアップするなどした。

あなたも私を
好きだとは思わなかった
どうすればいいの とてもうれしい

まるで夢のようで
私は私自身を何度も
つねってみる とてもうれしい

あなたが私をもしかして
好きじゃないかもしれないって
一人どれだけ
気をもんだか分からない
ところがあなたが
私を愛してるだなんて
あらま もう一度言ってみて

Tell me, tell me,
tell tell tell tell tell tell me
私を愛してると
私を待ってきたと

Tell me, tell me,
tell tell tell tell tell tell me
私が必要だと言って
言ってください

Tell me, tell me,
tell tell tell tell tell tell me
何度も聞きたい
ずっと私に言ってちょうだい

Tell me, tell me,
tell tell tell tell tell tell me
夢じゃないと言って
言ってください

1 나(私)＋〜를(〜を)の縮約形
2 좋아하다(好きだ)＋ -ㄹ 줄 모르다(〜するとは思わない／ㄹ語幹)＋ -았다(〜した)のパンマル形。その間に〜은(〜は)を入れて強調した形
3 어쩌다(どうする)＋ -면(〜したら)で、「どうしたら」という副詞的表現。어쩌다는어찌하다の縮約形
4 좋다(うれしい)のパンマル形
5 꿈(夢)＋〜만 같다(まるで〜のようだ)＋ -아서(〜ので)
6 나(私)＋〜의(〜の)の縮約形내と、자신(自身)＋〜을(〜を)で、「私自身を」の意味
7 꼬집다(つねる)＋ -어 보다(〜してみる)のパンマル形
8 〜가(〜が)が付くと너(君)が네となるが、口語ではほぼ니と発音される
9 안 좋아하다(好きじゃない)＋ -ㄹ까 보다(〜かもしれない)＋ -아(〜して)
10 애태우다(気をもむ)＋ -ㄴ지 모르다(〜したか分からない／르変則)のパンマル形
11 사랑하다(愛する)＋ -ㄴ다니(〜だなんて)
12 말하다(言う)＋ -어 보다(〜してみる)のパンマル形
13 사랑하다(愛する)＋ -ㄴ다고(〜すると)
14 기다리다(待つ)＋ -어 오다(〜してくる)＋ -았다고(〜したと)
15 〜가(〜が)が付くと、나(私)が내となる
16 필요하다(必要だ)＋ -다 말하다(〜だと言う)のパンマル形。-다 말하다는 -다고 말하다の省略形
17 말하다(言う)＋ -어 주다(〜してくれる)のヘヨ体
18 듣다(聞く)＋ -고 싶다(〜したい)のパンマル形
19 나(私)＋〜에게(〜に)の縮約形
20 말하다(言う)＋ -어 주다(〜してくれる)のパンマル形
21 꿈(夢)＋〜이 아니다(〜じゃない)＋ -라고(〜だと)

#02 Tell me／Wonder Girls

어쩜 내 가슴이 이렇게 뛰니 가슴이 정말 터질 것 같아
[가스미] [이러케] [가스미] [터질 껄 까타]

네가 날 볼 때면 전기에 감전된 사람처럼 전기가 올라
[니가]

얼마나 오래 기다린지 몰라 얼마나 오래 꿈꿨는지 몰라
[꿈꿘는지]

그런데 네가 날 사랑한다니 어머나 다시 한 번 말해 봐
[니가] [마래]

★をリピート

tell me, tell me, tell me you want me, want me, want me too
tell me, tell me, tell me you love me too, love me too

Hit me one time baby 다시 한 번 ok 방금 한 건 알지만 또 한 번
[방그 만 거 날지만]

ye 계속 말해 줘 들어도 들어도 듣고 싶어
[게송 마래] [드러도] [드러도] [듣꼬] [시퍼]

어쩜 이런 일이 꿈인가 싶어 어머나 좋아서 어쩌나
[이런 니리] [꾸민가] [시퍼] [조아서]

★をリピート

Tell me tell me tell tell tell tell tell me

どうしたら私の胸が
こんなに弾むの
胸が本当に張り裂けそう

あなたが私を見るときはいつも
電気に感電した人のように
電気でピリピリするわ

どれほど長い間
待ったか分からない
どれほど長い間
夢見たか分からない
ところがあなたが
私を愛してるだなんて
あらま もう一度言ってみて

tell me, tell me, tell me you
want me, want me, want me too
tell me, tell me, tell me you
love me too, love me too

Hit me one time baby もう一度
ok 今さっき言ったことは
分かるけど もう一度

ye ずっと言ってちょうだい
聞いても聞いても聞きたい

どうしたらこんなことが
夢かと思うわ
あらま うれしくてどうしよう

Tell me, tell me,
tell tell tell tell tell tell me

22 어쩌면（どうしたら）の縮約形

23 이렇다（このようだ）の副詞形

24 뛰다（弾む）＋ －니（〜なの？）

25 터지다（張り裂ける）＋ －ㄹ 것 같다（〜しそうだ）のパンマル形

26 보다（見る）＋ －ㄹ 때（〜するとき）＋〜면（〜なら）で、「見るときはいつも」の意味

27 감전되다（感電する）の過去連体形

28 오르다（上がる／르変則）のパンマル形。ここでは「電気でビリビリする」の意味

29 기다리다（待つ）＋ －ㄴ지 모르다（〜したか分からない／르変則）のパンマル形

30 꿈꾸다（夢見る）＋ －었는지 모르다（〜したか分からない／르変則）のパンマル形。29 の －ㄴ지 모르다と、意味はほぼ同じだが、メロディーに合わせて、言い方を変えている

31 하다（言う）の過去連体形

32 것（こと）＋〜은（〜は）の縮約形

33 알다（分かる）＋ －지만（〜だけど）

34 듣다（聞く／ㄷ変則）＋ －어도（〜しても）

35 이렇다（このようだ／ㅎ変則）の現在連体形

36 꿈（夢）＋〜인가 싶다（〜かと思う）のパンマル形

37 좋다（うれしい）＋ －아서（〜ので）

38 어쩌다（どうする）＋ －나（〜なのか？）

#02 Tell me／Wonder Girls

1. 言葉の引用や話し手の考えを表す −ㄴ다고／−는다고（〜すると）

　−ㄴ다고／−는다고は動詞の語幹に付いて、その言葉が引用であることや話し手の考えであることを表す語尾です。고が省略された形でも用いられます。ここでは、사랑한다고（愛していると）、기다려 왔다고（待ってきたと）、필요하다（必要だと／省略形）、꿈이 아니라고（夢じゃないと）が出てきますが、引用されたこれらの言葉全てが말해 줘요（言って）に係ってきていますね。

形態） パッチムなし語幹、ㄹ語幹 ＋ −ㄴ다고　例：간다고、논다고 (ㄹ脱落)
　　　 パッチムあり語幹 ＋ −는다고　例：먹는다고

　　　※形容詞、存在詞、指定詞に付く場合
　　　 形容詞語幹、存在詞語幹 ＋ −다고　例：예쁘다고、있다고
　　　 指定詞語幹 ＋ −라고　例：책이라고、아니라고

例文）　한다고 했잖아요．　すると言ったじゃないですか。
　　　 그는 집에서 먹는다고 해요．　彼は家で食べると言います。
　　　 잘못했다고 전해 줘．　間違っていたと伝えて。

> ✎ **練習問題**　下線部に、正しい韓国語を書きましょう。

① _____ 회사를 그만 뒀어요．結婚すると会社を辞めました。

② 가족은 서울에 _____ 해요．家族はソウルに住んでいるといいます。

③ 한국으로 _____ 하네요．韓国に留学するといいですね。

ヒント）① 결혼하다　② 살다（ㄹ語幹）　③ 유학하다

2. 疑問の意を表す −니（〜なのか？）

　−니は用言の語幹に付いて、友達や目下の人に対して疑問の意を表すときに使う語尾です。パンマル形 −아／−어の疑問形よりも、ぞんざいな言い方ですが、逆に親しみのある感じを与えます。ここでは내 가슴이 이렇게 뛰니（私の胸がこんなに弾むの？）と、自分自身に対して疑問の意を表しています。

Tell me – Wonder Girls

形態)

語幹 ＋ －니　例：가니、먹니

例文)

그 가방 어디서 샀니.　そのかばんどこで買ったの？
이것을 다 하겠니.　これを全部やるの？

> **練習問題**　下線部に、正しい韓国語を書きましょう。

① 밥 _____ ．　ごはん食べたの？

② 많이 _____ ．　すごく痛いの？

ヒント）① 먹었다　② 아프다

3. 相反を表す －지만 （〜けれど、〜だが）

　－지만は用言の語幹に付いて、前後の内容が相反する物であることを表す連結語尾です。前の内容を認めながらも、さらにそれに付け加えて話すときや、前の内容を認めながらも後ろの内容がさほど影響を受けないことを話すときにも使えます。ここでは、알지만 또 한 번（分かるけどもう一度）と、前の内容を認めながらも、「もう一度言って」と付け加えて話しています。

形態)

語幹 ＋ －지만　例：가지만、먹지만

例文)

아빠는 키가 크지만 저는 작아요.　パパは背が高いけど、僕は小さいです。
이해는 했지만 복습이 필요해요.　理解はしたけど、復習が必要です。
아프지만 괜찮아.　痛いけど大丈夫。

> **練習問題**　下線部に、正しい韓国語を書きましょう。

① 돈은 _____ , 행복해요.　お金はないけれど幸せです。。

② 그 애, _____ 성격이 나빠.　その子、かわいいけど性格が悪いよ。

ヒント）① 없다　② 예쁘다

21

SORRY, SORRY / Super Junior

★1　Sorry Sorry Sorry Sorry 내가₁ 내가 내가 먼저

네게₂ 네게 네게 빠져₃ 빠져 빠져 버려₄ baby
[빠저] [빠저] [빠저]

Shawty Shawty Shawty Shawty 눈이 부셔₅ 부셔 부셔
[누니]

숨이 막혀₆ 막혀 막혀 내가 미쳐₇ 미쳐 baby
[수미] [마켜] [마켜] [마켜] [미처] [미처]

바라보는₈ 눈빛 속에 눈빛 속에 나는 마치
[눈삗 쏘게] [눈삗 쏘게]

나는 마치 뭐에 홀린₉ 놈 (이젠₁₀ 벗어나지도 못해₁₁)
[버서나지도] [모태]

걸어오는₁₂ 너의 모습 너의 모습 너는 마치
[거러오는] [너에] [모습 너에] [모습 너는]

내 심장을 밟고 왔나 봐₁₃ (이젠 벗어나지도 못해)
[발꼬] [완나] [버서나지도] [모태]

어딜₁₄ 가나₁₅ 당당하게₁₆ 웃는₁₇ 너는 매력적
[운는] [매력쩍]

착한₁₈ 여자 일색이란₁₉ 생각들은₂₀ 보편적
[차칸 녀자] [일쌔기란] [생각뜨른]

〈 PROFILE 〉

各メンバーが歌だけでなくMCやモデル、俳優などそれぞれの得意分野で幅広く活動しており、また、アジア各国でも根強い人気がある。「SORRY, SORRY」は同じフレーズが繰り返し出てくる、いわゆるフックソングで、中毒性の強い曲となっている。

Sorry Sorry Sorry Sorry
僕が 僕が 僕が 先に

君に 君に 君に はまって
はまって はまってしまう baby

Shawty Shawty Shawty Shawty
(目が)まぶしくて まぶしくて
まぶしくて

息が 詰まって 詰まって 詰まって
僕が 狂う 狂う baby

見つめるまなざしの中に
まなざしの中に僕はまるで

僕はまるで何かに
惑わされたやつ
(もう抜け出すこともできない)

歩いてくる君の姿
君の姿君はまるで

僕の心臓を踏んできたみたい
(もう抜け出すこともできない)

どこに行っても堂々と
笑う君は魅力的

優しい女(が)いい女という
多くの考えは普遍的

---

1 ～가(～が)が付くと나(僕)が내となる

2 너(君)＋～에게(～に)の縮約形

3 빠지다(はまる)＋-어(～して)

4 빠지다(はまる)＋-어 버리다(～してしまう)のパンマル形

5 눈이 부시다(〈目が〉まぶしい)＋-어(～て)

6 막히다(詰まる)＋-어(～して)

7 미치다(狂う)のパンマル形

8 바라보다(見詰める)の現在連体形

9 홀리다(惑わされる)の過去連体形

10 이제는(もう)の縮約形

11 벗어나다(抜け出す)＋-지 못하다(～できない)のパンマル形に、～도(～も)を入れて強調した形

12 걸어오다(歩いてくる)の現在連体形

13 밟다(踏む)＋-고 오다(～してくる)＋-았나 보다(～したみたいだ)のパンマル形

14 어디(どこ)＋～를(～に)の縮約形

15 가다(行く)＋-나(～しても)

16 당당하다(堂々とする)の副詞形

17 웃다(笑う)の現在連体形

18 착하다(優しい)の現在連体形

19 일색(一色)＋～이란(～という)。～이란は～이라고 하는の縮約形。일색には「ずば抜けた美人、いい女」という意味がある

20 생각(考え)＋～들(～たち)と複数形になると、「多くの考え」の意味

23

#03 SORRY, SORRY／Super Junior

도도하게 [21] 거침없게 [22] 정말 너는 환상적
[거치업께] [정말 러는]

돌이킬 수 없을 만큼 [23] 네게 빠져 버렸어 [24]
[도리킬 쑤] [업쓸] [빠저] [버려써]

★1をリピート

★2 딴딴 딴따다 따 따란딴 딴딴 딴따다 따

(네게 반해 버렸어 [25] baby)
[바내 버려써]

딴딴 딴따다 따 따란딴 딴딴 딴따다 따 따라빠빠라

Hey girl gir gir gir gir gir girl i 눈만 뜨면 [26] 니 생각 [27] Hey girl

자나깨나 [28] 사실 너 하나밖에 안 보여 [29]
[하나바께]

(말해 봐 [30]) 맘에 [31] 내가 (말해 봐) 자리 잡았는지 [32]
[마래] [마메] [마래] [자반는지]

(말해 줘 [33]) 내게 [34] 말해 줘 (나는 바보 바보 바보)
[마래] [마래]

주변 사람들은 말해 [35] 내가 너무 적극적
[사람드른] [마래] [적끅쩍]

高飛車にはばかることなく 本当に君は幻想的	21 도도하다（高飛車だ）の副詞形
	22 거침없다（はばかることがない）の副詞形
	23 돌이키다（引き返す）＋ －ㄹ 수 없다（〜できない）＋ －을 만큼（〜するほど）
引き返せないほど 君にはまってしまった	24 빠지다（はまる）＋ －어 버리다（〜してしまう）＋ －었다（〜した）のパンマル形
	25 반하다（ほれる）＋ －어 버리다（〜してしまう）＋ －었다（〜した）のパンマル形
	26 눈 뜨다（目覚める）＋ －면（〜すれば）の間に、〜만（〜さえ）を入れて強調した形
タンタン タンタダ タ タランタン タンタン タンタダ タ	27 너（君）＋의（の）の縮約形。口語では、ほぼ니と発音されるため、表記も니となっている。니 생각で「君のことを考えている」の意味
	28 자나깨나で「寝ても覚めても」という慣用表現
君にほれてしまった baby	29 안 보이다（見えない）のパンマル形
	30 말하다（言う）＋ －어 보다（〜してみる）のパンマル形
	31 맘（心）＋〜에（〜に）。맘は마음の縮約形
タンタン タンタダ タ タランタン タンタン タンタダ タ タラッパッパラ	32 잡다（つかむ）＋ －았는지（〜したのか）
	33 말하다（言う）＋ －어 주다（〜してくれる）のパンマル形
	34 나（僕）＋〜에게（〜に）の縮約形
Hey girl gir gir gir gir gir girl i 目さえ覚めれば 君のことを考える Hey girl	35 말하다（言う）のパンマル形
寝ても覚めても実は 君一人しか見えない	
（言ってみて）心に僕が （言ってみて） 居場所をつかんだのか	
（言ってくれ） 僕に言ってくれ （僕は ばか ばか ばか）	
周りの人たちは言う 僕がとても積極的	

#03 SORRY, SORRY／Super Junior

이 세상에 그런 사람 어디 한둘이냐고
[한두리냐고]

그걸 몰라 그널 몰라 시기하며 하는 말

내가 부럽다면 그건 그대들이 지는 거
[부럽따면]　　[그대드리]

★1をリピート
★2をリピート

Let's dance dance dance dance Let's dance dance dance dance
Let's dance dance dance dance dance dance

Hey 이제 그만 내게 와 줄래 정말 미칠 것만 같아 yeah
[미칠 껀만]　[가타]

난 너만 사랑하고 싶어 절대 다시 한눈 팔 생각 없어 hey
[시퍼]　[절때]　　　[팔 쌩가 겁써]

애인이라기보다 친구 같은 내가 되고 싶어
[애이니라기보다]　[가튼]　　　　[시퍼]

너의 모든 고민 슬픔 함께 간직하고파
[너에]　　　　　　　　[간지카고파]

다시 없을 만큼 만큼 너를 너무 사랑해
[업쏠]

내가 바란 사람 니가 바로 그 that that that girl

★1をリピート

この世にそんな人
どこにいるのかって

それを分かってない
彼女を分かってない
ねたんで言う言葉

僕がうらやましいならそれは
あなたたちが負けること

Let's dance dance dance dance
Let's dance dance dance dance
Let's dance dance dance dance
dance dance

Hey もうそれくらいにして
僕のところに来てくれるか？
本当に狂いさえしそうだ yeah

僕は君だけ愛したい
絶対に二度と
よそ見するつもりない hey

恋人というより友達のような
僕になりたい

君の全ての悩み 悲しみ
一緒に大切にしたい

二度とないほど ほど
君をすごく愛してる

僕が望んだ人 君がまさにその
that that that girl

36 그렇다(そうだ／ㅎ変則)の現在連体形

37 어디(どこ) + 한둘이다(一人二人だ) + -냐고(〜なのかって)で、ここでは「どこにいるのかって」の意味

38 그거(それ) + 〜를(〜を)の縮約形

39 모르다(分からない／르変則)のパンマル形

40 그녀(彼女) + 〜를(〜を)の縮約形

41 시기하다(ねたむ) + -며(〜しながら)

42 하다(言う)の現在連体形

43 부럽다(うらやましい) + -다면(〜だというならば)

44 그거(それ) + 〜는(〜は)の縮約形。그거는 그것の口語形

45 지다(負ける)の現在連体形

46 것(こと)の口語形

47 오다(来る) + -아 주다(〜してくれる) + -ㄹ래(〜するか？)

48 미치다(狂う) + -ㄹ 것 같다(〜しそうだ)のパンマル形の間に、〜만(〜さえ)を入れて強調した形。

49 나(僕) + 〜는(〜は)の縮約形

50 사랑하다(愛する) + -고 싶다(〜したい)

51 한눈 팔다(よそ見する／ㄹ語幹) + -ㄹ 생각 없다(〜するつもりない)のパンマル形

52 애인(恋人) + 〜이라기보다(〜というより)。〜이라기보다는 〜이라고 하기보다の省略形

53 같다(〜のよう)の現在連体形

54 내(〈助詞〜가の前で用いられる〉僕) + 〜가 되다(〜になる) + -고 싶다(〜したい)のパンマル形

55 슬프다(悲しい) + -ㅁ(〜なこと)

56 간직하다(大切にする) + -고프다(〜したい)のパンマル形。-고프다は -고 싶다(〜したい)の口語形。

57 없다(ない) + -을 만큼(〜なほど)

58 사랑하다(愛する)のパンマル形

59 바라다(望む)の過去連体形

60 〜가(〜が)が付くと 너(君)が 네となる。口語では、ほぼ 니と発音されるため、表記も니となっている

#03 SORRY, SORRY／Super Junior

1. 依頼を表す －아／－어 줄래？（〜してくれる？）

　－아／－어 줄래？は動詞や存在詞있다の語幹に付いて、相手に何かをお願いするときに使う表現です。－아 주다（してあげる／くれる）と、相手の意向を尋ねる－ㄹ래？（〜するか？）が結合したものです。丁寧語を使うべき相手には－아／－어 줄래요？（〜してくれますか？）の形で使います。ここでは、오다（来る）に付いて使われ、와 줄래（来てくれるか？）という誘い文句になっていますね。

形態） 陽母音語幹 ＋－아 줄래？　例：가 줄래？
　　　 陰母音語幹 ＋－어 줄래？　例：먹어 줄래？、있어 줄래？

例文） 같이 있어 줄래요？　一緒にいてくれますか？
　　　 제발 같이 가 줄래？　お願いだから一緒に行ってくれる？

練習問題 下線部に、正しい韓国語を書きましょう。

① 문 좀 ＿＿＿＿＿＿＿＿＿？　ドアちょっと開けてくれますか？

② 펜 ＿＿＿＿＿＿＿＿＿？　ペン貸してくれる？

ヒント） ① 열다　② 빌리다

2. 推測を表す －ㄹ／－을 것 같다（〜しそうだ、〜そうだ）

　－ㄹ／－을 것 같다は用言の語幹に付いて、推測を表す表現です。物事を断定せずに遠回しに表現するときにも使いますが、ここでは미치다（狂う）という言葉と一緒に使われて、すごく大変であることを表しています。このような使い方としては、他にも죽을 것 같아（死にそうだ）という表現があり、どちらも「寝ても覚めても君のことしか考えられない」という心情を表すのに適した表現です。ここでは、さらに만を加えて미칠 것만 같아と、そんな心をさらに強調しています。

形態） パッチムなし語幹、ㄹ語幹 ＋－ㄹ 것 같다　例：갈 것 같다、놀 것 같다（ㄹ脱落）
　　　 パッチムあり語幹 ＋－을 것 같다　例：먹을 것 같다、있을 것 같다

例文） 일이 많아서 죽을 것 같아.　仕事が多くて死にそうだ。
　　　그 친구 때문에 미칠 것 같아.　その友達のせいで気が狂いそうだ。
　　　비가 올 것 같아요.　雨が降りそうです。

練習問題　下線部に、正しい韓国語を書きましょう。

① 시간에 _____ .　時間に遅れそうです。

② 누우면 바로 _____ .　横になったらすぐ寝そうです。

③ 내일 _____ .　明日、行けなさそうだ。

ヒント） ① 늦다　② 자다　③ 못 가다

3. 行為の終了を表す －아 / －어 버리다（～してしまう）

　－아 / －어 버리다は動詞の語幹に付いて、その行動が完全に終わったことを表します。また、終えた行動の結果、何も残っていないことや、名残惜しさが残ることを表す表現です。ここでは**빠져 버렸어**（はまってしまった）、**반해 버렸어**（ほれてしまった）と過去形で登場しますが、意図せず恋に落ちてしまい、こんなはずじゃなかったのに、と思う心情が歌われています。

形態）　陽母音語幹 ＋ －아 버리다　例：가 버리다
　　　　陰母音語幹 ＋ －어 버리다　例：먹어 버리다

例文）　날 떠나 버린 사람.　私（の元）を去ってしまった人。
　　　　공부 안하고 놀아 버렸어요.　勉強しないで遊んでしまいました。
　　　　드디어 말해 버렸다.　ついに言ってしまった。

練習問題　下線部に、正しい韓国語を書きましょう。

① 버스는 _____ .　バスは出発してしまいました。

② 남기지 말고 다 _____ .　残さず全部食べてしまって。

③ 돈을 다 _____ .　お金を全部使ってしまいました。

④ 긴 머리를 _____ .　長い髪を切ってしまいました。

ヒント） ① 출발하다　② 먹다　③ 쓰다（으語幹）　④ 자르다（르変則）

#04

Gee / 소녀시대
少女時代

Uh-Huh Listen Boy, My First Love Story
My Angel & My Girls, My Sunshine Uh Uh Let's Go

너무 너무 멋져[1] 눈이 눈이 부셔[2] 숨을 못 쉬겠어[3] 떨리는[4] Girl
[멀쩌] [누니] [누니] [수믈] [몯 쒸게써]

Gee Gee Gee Gee Baby Baby Baby
Gee Gee Gee Gee Baby Baby Baby

너무 부끄러워[5] 쳐다볼 수 없어[6] 사랑에 빠져서[7] 수줍은[8] Girl
[처다볼 쑤] [업써] [빠저서] [수주븐]

Gee Gee Gee Gee Baby Baby Baby
Gee Gee Gee Gee Be Be Be Be Be Be

(어떻게[9] 하죠[10]) 어떡 어떡하죠[11]
[어떠케] [하조] [어떠 거떠카조]

(떨리는 나는) 떨리는 나는요[12]
[나는뇨]

(두근두근 두근두근) 두근두근거려[13] 밤엔[14] 잠도 못 이루죠[15]
[바멘] [몬 니루조]

나는 나는 바본가 봐요[16] 그대 그대밖에 모르는[17] 바보
[그대바께]

그래요[18] 그댈[19] 보는[20] 난[21]

30

〈 PROFILE 〉
2007年に韓国デビュー。当時、9人組の女性グループというのは珍しく、女性版 Super Junior とも呼ばれた。2009年に「Gee」を発表するや爆発的な人気を獲得、韓国を代表するガールズグループとなった。

Uh Huh Listen Boy,
My First Love Story
My Angel & My Girls,
My Sunshine Uh Uh Let's Go

とても とても かっこよくて
目が まぶしくて
息をつけそうにない 震える Girl

Gee Gee Gee Gee Baby Baby Baby
Gee Gee Gee Gee Baby Baby Baby

とても恥ずかしくて
見詰められない
恋に落ちて内気な Girl

Gee Gee Gee Gee Baby Baby Baby
Gee Gee Gee Gee Be Be Be Be Be

(どうしましょう)
どう どうしましょう

(震える私は) 震える私は

(ドキドキドキドキ)
ドキドキして

夜には眠れもしないんですよ
私は 私はばかみたいです

あなた あなたしか知らないばか
そうです
あなたを見る私は

1　멋지다 (かっこいい) ＋ －어 (〜て)

2　눈이 부시다 (〈目が〉まぶしい) ＋ －어 (〜て)

3　숨을 못 쉬다 (息をつけない) ＋ －겠다 (〜そうだ) のパンマル形

4　떨리다 (震える) の現在連体形

5　부끄럽다 (恥ずかしい／ㅂ変則) ＋ －어 (〜て)

6　쳐다보다 (見詰める) ＋ －ㄹ 수 없다 (〜できない) のパンマル形

7　빠지다 (落ちる) ＋ －어서 (〜して)

8　수줍다 (内気だ) の現在連体形

9　어떻다 (どのようだ) の副詞形

10　하다 (する) ＋ －죠 (〜しましょう)

11　어떡하다 (どうする) ＋ －죠 (〜しましょう)

12　나 (私) ＋ 〜는 (〜は) ＋ 〜요 (〜です)。요は単語の後ろに付けて丁寧さを付け加えるが、日本語に訳されない場合も多い

13　두근두근거리다 (ドキドキする) ＋ －어 (〜して)

14　밤 (夜) ＋ 〜에 (〜に) ＋ 〜는 (〜は) の縮約形

15　잠 (睡眠) ＋ 〜도 (〜も) ＋ 못 이루다 (成し遂げられない) ＋ －죠 (〜ですよ)。ここでは「眠れもしない」の意味

16　바보 (ばか) ＋ 〜인가 보다 (〜みたいだ) のヘヨ体が縮約した形

17　모르다 (知らない) の現在連体形

18　그렇다 (そうである／ㅎ変則) のヘヨ体

19　그대 (あなた) ＋ 〜를 (〜を) の縮約形

20　보다 (見る) の現在連体形

21　나 (私) ＋ 〜는 (〜は) の縮約形

#04 Gee／소녀시대

★ 너무 반짝반짝 눈이 부셔 No No No No No
[반짝빤짝] [누니]

너무 깜짝깜짝 놀란₂₂ 나는 Oh Oh Oh Oh Oh

너무 짜릿짜릿 몸이 떨려₂₃ Gee Gee Gee Gee Gee
[모미]

젖은₂₄ 눈빛 Oh Yeah 좋은₂₅ 향기 Oh Yeah Yeah Yeah
[저즌] [눈삐] [조은]

너무 너무 예뻐₂₆ 맘이₂₇ 너무 예뻐 첫 눈에 반했어₂₈ 꼭 짚은₂₉ Girl
[마미] [천 누네] [바내써] [지픈]

Gee Gee Gee Gee Baby Baby Baby
Gee Gee Gee Gee Baby Baby Baby

너무나 뜨거워₃₀ 만질 수가 없어₃₁ 사랑에 타 버려₃₂ 후끈한₃₃ Girl
[만질 쑤가] [업써] [후끄난]

Gee Gee Gee Gee Baby Baby Baby
Gee Gee Gee Gee Be Be Be Be Be Be

(어쩌면₃₄ 좋아₃₅) 어쩌면 좋아요₃₆ (수줍은 나는) 수줍은 나는요
[조아] [조아요] [수주븐] [수주븐] [나는뇨]

(몰라₃₇ 몰라 몰라 몰라) 몰라 몰라 하며₃₈ 매일 그대만 그리죠₃₉
[그리조]

친한₄₀ 친구들은 말하죠₄₁ 정말 너는 정말 못 말려₄₂ 바보
[치난] [친구드른] [말하조] [정말 러는] [몬 밀러]

하지만 그댈 보는 난

とてもキラキラまぶしくて
No No No No No

とてもビクッと
驚いた私は
Oh Oh Oh Oh Oh

とてもビリビリ体が震える
Gee Gee Gee Gee Gee

濡れた瞳 Oh Yeah
いい香り Oh Yeah Yeah Yeah

とてもとてもきれい
心がとてもきれい
一目でほれた
しっかり指名した Girl
Gee Gee Gee Gee Baby Baby Baby
Gee Gee Gee Gee Baby Baby Baby

とても熱くて触れることができない
愛に燃えてしまって火照った Girl

Gee Gee Gee Gee Baby Baby Baby
Gee Gee Gee Gee Be Be Be Be Be

(どうすればいいの)
どうすればいいのでしょう
(内気な私は)内気な私は

(知らない知らない
知らない知らない)
知らない知らないと言いながら
毎日あなただけ思い描くんですよ
親しい友達たちは言うんですよ
本当に 君は
本当に止められない ばか

だけどあなたを見る私は

22 놀라다(驚く)の過去連体形
23 떨리다(震える)のパンマル形
24 젖다(ぬれる)の過去連体形
25 좋다(いい)の現在連体形
26 예쁘다(かわいい)のパンマル形
27 맘(心)＋〜이(〜が)。맘は마음の縮約形
28 반하다(ほれる)＋ー었다(〜した)のパンマル形
29 짚다(指す)の過去連体形。ここでは「指名する」の意味
30 뜨겁다(熱い／ㅂ変則)＋ー어(〜て)
31 만지다(触る)＋ー ㄹ 수 없다(〜できない)のパンマル形の間に、〜가(〜が)を入れて強調した形
32 타다(燃える)＋ー아 버리다(〜してしまう)＋ー어(〜して)
33 후끈하다(火照る)の現在連体形
34 어쩌다(どうする)＋ー면(〜すれば)。어쩌다は어찌하다の縮約形
35 좋다(いい)のパンマル形
36 좋다(いい)のヘヨ体
37 모르다(知らない／르変則)のパンマル形
38 하다(言う)＋ー며(〜しながら)
39 그리다(思い描く)＋ー죠(〜ですよ)
40 친하다(親しい)の現在連体形
41 말하다(言う)＋ー죠(〜ですよ)。本来の発音は[마라조]となるが、メロディーに合わせて文字通りに発音している
42 못 말리다(止められない)のパンマル形

#04 Gee／소녀시대

★をリピート

マルド　モテンヌンゴル　　ノム　　プックロウォハヌン　　　ナン
말도 못했는걸 ₄₃ 너무 부끄러워하는 ₄₄ 난
　　　［모탠는걸］

ヨンギガ　オムヌン　ゴルカ　オットケヤ　　　チョウン　ゴルカ
용기가 없는 걸까 ₄₅ 어떡해야 ₄₆ 좋은 걸까 ₄₇
　　　［엄는］　　　　［어떠캐야］　　［조은］

トゥグンドゥグン　マム　ジョリミョ　パラボゴ　　インヌン　　ナン
두근두근 맘 졸이며 ₄₈ 바라보고 있는 ₄₉ 난
　　　　　［조리며］　　　　　［인는］

★をリピート×2

話もできなかったのよ
とても恥ずかしがる私は

勇気がないのかしら
どうしたらいいのかしら

ドキドキ胸(を)
締め付けられながら
見詰めている私は

43 못하다(できない) ＋ －었는걸(〜したんだよ)

44 부끄러워하다(恥ずかしがる)の現在連体形

45 없다(ない) ＋ －는 걸까(〜なのだろうか)。걸까は것일까の口語形

46 어떡하다(どうする) ＋ －어야(〜すれば)

47 좋다(いい) ＋ －은 걸까(〜なのだろうか)

48 죌이다(締め付ける) ＋ －며(〜しながら)

49 바라보다(見詰める) ＋ －고 있다(〜している)の現在連体形

# 04 Gee／소녀시대

文法と練習

1. 確認するように尋ねる －죠（〜でしょう、〜しましょう）

　－죠？はさまざまな意味がありますが、そのうちの一つが、用言の語幹に付いて、話し手が確認するように尋ねる意味です。実際に会話するときは－죠のイントネーションを上げ気味に話します。－죠は－지요の縮約形なので、丁寧な言葉遣いですが、丁寧さを表す요を取った－지（〜だろう、〜しよう）でも使われます。ここでは**어떻게 하죠**とその縮約形である**어떡하죠**が出てきますが、「どうしたらいいのでしょう？」と戸惑う乙女心をかわいらしく歌っています。そしてもう一つの意味は、すでに知っている事実を述べるときに使う「〜ですよ、〜ますよ」です。ここでは**잠도 못 이루죠**（眠れもしないんですよ）、**그리죠**（思い描くんですよ）、**말하죠**（言うんですよ）の三つが登場し、恋する自分を可愛らしく相手に伝えているわけです。

形態) 語幹 ＋ －죠　例：가죠、먹죠、예쁘죠、있죠

例文) **많이 기다렸죠.** たくさん待ったでしょう？
　　　　한국은 춥죠. 韓国は寒いでしょう？

> **練習問題**　下線部に、正しい韓国語を書きましょう。

① 그럴 수도 ＿＿＿＿＿＿＿．　そういうこともあるでしょう？

② 이건 다 ＿＿＿＿＿＿＿．　これは全部、分かるでしょう？

ヒント) ① 있다　② 알다

2. 考えや推測を表す －ㄴ가／－은가 보다（〜みたいだ、〜らしい）

　－ㄴ가／－은가 보다は形容詞や指定詞の語幹に付いて、考えや推測を表すときに使う語尾です。ここでは**바본가 봐요**（ばかみたいですね）の形で登場しますが、これは**바보**（ばか）＋**〜이다**（〜だ）＋**－ㄴ가 보다**のヘヨ体で、**바보인가 봐요**が縮約した形です。

形態) パッチムなし語幹、ㄹ語幹 ＋ －ㄴ가 보다　例：예쁜가 보다、먼가 보다（ㄹ脱落）
　　　　パッチムあり語幹 ＋ －은가 보다　例：작은가 보다

※動詞、存在詞に付く場合

語幹 ＋ －는가 보다　例：가는가 보다、먹는가 보다、있는가 보다

例文）　방이 좁은가 봐요.　部屋が狭いみたいです。
　　　　돈이 없는가 봐요.　お金がないようです。

練習問題　下線部に、正しい韓国語を書きましょう。

① 기분이 ＿＿＿＿＿＿＿＿＿＿.　気分がいいみたいです。

② 일이 ＿＿＿＿＿＿＿＿＿＿.　仕事が忙しいようです。

ヒント）① 좋다　② 바쁘다

3. 考えや感想を述べる －는걸（～するなあ、～するんだよ）

－는걸は動詞や存在詞の語幹に付いて、話し手が新しく知った事実や、自分の考えや感想を述べる場合に用いる語尾です。ここでは못했는걸と、못하다（言えない）＋過去を表す －었－ ＋ －는걸の形で登場し、「（恥ずかしくて）言えなかったなあ」と、過去の感想を述べています。丁寧語を使うべき相手には、요を付けて －는걸요（～するんですよ）とします。

形態）　語幹 ＋ －는걸　例：가는걸、먹는걸、있는걸

　　　　※形容詞、指定詞に付く場合
　　　　パッチムなし語幹、ㄹ語幹 ＋ －ㄴ걸　例：예쁜걸、먼걸（ㄹ脱落）
　　　　パッチムあり語幹 ＋ －은걸　例：작은걸

例文）　쉽게 헤어지는걸.　簡単に別れるんだなあ。
　　　　생각보다 맛있는걸.　思ったよりおいしいなあ。
　　　　그게 아닌걸.　それではないんだなあ。

練習問題　下線部に、正しい韓国語を書きましょう。

① 참 ＿＿＿＿＿＿＿＿.　本当にかわいいなあ。

② 전혀 관심이 ＿＿＿＿＿＿＿.　まったく関心がないんですねえ。

ヒント）① 예쁘다　② 없다

#05 죽어도 못 보내 / 2AM

死んでも離さない

어려도₁ 아픈₂ 건₃ 똑같아₄
[똑까타]

세상을 잘 모른다고₅ 아픈 걸₆ 모르진 않아₇
[모르지 나나]

괜찮아질 거라고₈ 왜 거짓말을 해₉
[괜차나질 꺼라고] [거진마를]

이렇게₁₀ 아픈 가슴이 어떻게₁₁ 쉽게₁₂ 낫겠어₁₃
[이러케] [가스미] [어떠케] [쉽께] [낟께써]

너 없이 어떻게 살겠어₁₄
[업씨] [어떠케] [살게써]

그래서 난₁₅

★ 죽어도₁₆ 못 보내₁₇ 내가₁₈ 어떻게 널₁₉ 보내₂₀
[주거도] [몯 뽀내] [어떠케]

가려거든₂₁ 떠나려거든₂₂ 내₂₃ 가슴 고쳐내₂₄
[고쳐내]

〈 PROFILE 〉
Mnet の新人歌手育成番組「열혈남아（熱血男児）」の合格者のうち、歌唱力の高いメンバーを集めて結成されたグループ。「죽어도 못 보내」は失恋の辛さを歌った曲で、歌番組で初めて1位を取る曲となった。

幼くてもつらいのは同じだ	1 어리다（幼い）＋ －어도（〜ても）
	2 아프다（つらい）の現在連体形
	3 거（こと）＋ 〜는（〜は）の縮約形。거は것の口語形
世の中をよく知らないといって つらいことを 知らないわけじゃない	4 똑같다（同じだ）のパンマル形
	5 모르다（知らない）＋ －ㄴ다고（〜するからといって）。－ㄴ다고は －ㄴ다고 해서の省略形
	6 거（こと）＋ 〜를（〜を）の縮約形
平気になるはずだと どうしてうそを言うんだ	7 모르다（知らない）＋ －지 않다（〜しない）のパンマル形の間に、〜는（〜は）を入れ、모르지는 않아と強調し、縮約した形
こんなに痛む胸が どうやって簡単に治るだろう	8 괜찮아지다（平気になる）＋ －ㄹ 거라고（〜するはずだと）。거라고は것이라고の口語形
	9 하다（言う）のパンマル形
君なしで どうやって生きられるだろう	10 이렇다（このようだ）の副詞形
	11 어떻다（どのようだ）の副詞形
	12 쉽다（簡単だ）の副詞形
だから僕は	13 낫다（治る）＋ －겠다（〜だろう）のパンマル形
	14 살다（生きる）＋ －겠다（〜だろう）のパンマル形
	15 나（僕）＋ 〜는（〜は）の縮約形
死んでも離さない 僕がどうやって君を離すのか	16 죽다（死ぬ）＋ －어도（〜しても）
	17 못 보내다（離せない）のパンマル形。ここでは「離さない」程度のニュアンス
行こうとするなら 去ろうとするなら 僕の胸を完全に治してよ	18 〜가（〜が）が付くと나（僕）が내となる
	19 너（君）＋ 〜를（〜を）の縮約形
	20 보내다（離す）のパンマル形
	21 가다（行く）＋ －려거든（〜しようとするなら）。－려거든は －려고 하거든の縮約形
	22 떠나다（去る）＋ －려거든（〜しようとするなら）
	23 나（僕）＋ 〜의（〜の）の縮約形
	24 고쳐내다（完全に治す）のパンマル形

#05 죽어도 못 보내／2AM

아프지 않게 25 나 살아갈 수라도 있게 26
[안케]　　　　[사라갈 쑤라도]　[읻께]

안된다면 27 어차피 못 살 거 28 죽어도 못 보내
　　　　　　　　　[몯 쌀 꺼]　[주거도] [몯 뽀내]

아무리 니가 29 날 30 밀쳐도 31
　　　　　　　　　　[밀처도]

끝까지 붙잡을 거야 32 어디도 가지 못하게 33
　　　[붇짜블 꺼야]　　　　　　[모타게]

정말 갈 거라면 34 거짓말을 해
　　　[갈 꺼라면]　[거진마를]

내일 다시 만나자고 35 웃으면서 36 보자고 37
　　　　　　　　　　[우스면서]

헤어지잔 38 말은 농담이라고
　　　　　[마른] [농다미라고]

아니면 39 난

★をリピート

그 많은 40 시간을 함께 겪었는데 41
　　[마는]　[시가늘]　　[겨껀는데]

이제 와 42 어떻게 혼자 살란 거야 43
　　　　　[어떠케]

40

死んでも離さない／2AM

つらくないように 僕(が)せめて生きていけるように	25 아프다(つらい)＋-지 않다(〜しない)の副詞形
	26 살아가다(生きていく)＋-ㄹ 수 있다(〜できる)の副詞形。その間に、〜라도(〜でも)を入れて「せめて」の意味を加えた形
できないのなら どうせ生きられないと思う 死んでも離さない	27 안되다(駄目だ)＋-ㄴ다면(〜するというならば)。-ㄴ다면は-ㄴ다고 하면の省略形
	28 못 살다(生きられない)＋-ㄹ 거(〜するはずだ)。-ㄹ 거は本来-ㄹ 거다だが、ここでは다を言わずに거だけで終わらせている
いくら君が僕を突き放しても	29 〜가(〜が)が付くと너(君)が네となる。口語では、ほぼ니と発音されるため、表記も니となっている
最後までしがみつくつもりだよ どこにも行けないように	30 나(僕)＋〜를(〜を)の縮約形
	31 밀치다(突き放す)＋-어도(〜しても)
	32 붙잡다(しがみつく)＋-을 거다(〜するつもりだ)のパンマル形
本当に行くのならうそを言って	33 가다(行く)＋-지 못하다(〜できない)の副詞形
	34 가다(行く)＋-ㄹ 거라면(〜するつもりなら)。거라면は것이라면の口語形
明日また会おうと 笑いながら会おうと	35 만나다(会う)＋-자고(〜しようと)
	36 웃다(笑う)＋-으면서(〜しながら)
別れようという言葉は冗談だって	37 보다(会う)＋-자고(〜しようと)。보다は用事があって「会う」、만나다は「出会う」という意味合いが強い
	38 헤어지다(別れる)＋-잔(〜しようという)。-잔は-자고 하는の縮約形
さもなければ僕は	39 아니다(違う)＋-면(〜ならば)で、ここでは「さもなければ」の意味
	40 많다(多い)の現在連体形
	41 겪다(経験する)＋-었는데(〜したのに)
	42 이제 와서(今さら)という表現の縮約形
あのたくさんの時間を 一緒に経験したのに	43 살다(生きる)＋-란 거다(〜しろというのだ)のパンマル形。-란 거다は-라고 하는 거다の縮約形
今さらどうやって 一人で生きろというのか	

41

#05 죽어도 못 보내 / 2AM

_{クロケ} _{モテ} _{ナン モテ}
그렇게 못해 난 못해
[그러케]　[모태]　　[모태]

_{チュゴド} _{モッ ポネ}
죽어도 못 보내
[주거도]　[몯 뽀내]

_{チョンマルロ} _{モッ ポネ} _{ネガ} _{オットケ} _{ノル ポネ}
정말로 못 보내 내가 어떻게 널 보내
　　　　[몯 뽀내]　　　[어떠케]

_{カリョゴドゥン} _{トナリョゴドゥン} _{ネ ガスム} _{コチョネ}
가려거든 떠나거려거든 내 가슴 고쳐내
　　　　　　　　　　　　　　　　[고쳐내]

_{アプジ} _{アンケ} _ナ _{サラガル} _{スラド} _{イッケ}
아프지 않게 나 살아갈 수라도 있게
　　　　[안케]　　[사라갈 쑤라도]　[읻께]

_{アンドェンダミョン} _{オチャピ} _{モッ サル コ} _{チュゴド} _{モッ ポネ}
안된다면 어차피 못 살 거 죽어도 못 보내
　　　　　　　　[몯 쌀 꺼]　[주거도] [몯 뽀내]

そうはできない 僕はできない

死んでも離さない

本当に離さない
僕がどうやって君を離すのか

行こうとするのなら
去ろうとするのなら
僕の胸を完全に治してよ

つらくないように
僕（が）せめて生きていけるように

できないのなら
どうせ生きられないと思う
死んでも離さない

44 그렇다（そのようだ）の副詞形

#05 죽어도 못 보내／2AM

文法と練習

1. 譲歩の意味を表す －아도／－어도（～しても、～でも、～ても）

　－아도／－어도は、用言の語幹に付いて、前の行為や状態があるとしても、後ろのことが必ず起こったり存在したりすることを表す語尾です。ここでは、죽어도（死んでも）、어려도（幼くても）、밀쳐도（突き放しても）と、－아도／－어도を使った表現がたくさん登場し、何があっても別れたくない心情が歌われているわけです。어리다と밀치다は共に語幹の母音がㅣで陰母音なので、－어도が付き縮約しています。

形態）　陽母音語幹　＋ －아도　　例：가도
　　　　陰母音語幹　＋ －어도　　例：먹어도、있어도

例文）　바빠도 밥은 먹어라. 　忙しくてもごはんは食べろ。
　　　　시간이 지나도 달라질 것 없다. 　時がたっても変わることない。
　　　　할 수 없어도 노력은 해 볼게요. 　できなくても努力はしてみます。

練習問題　下線部に、正しい韓国語を書きましょう。

① _____ 살이 안 쪄요.　食べても太りません。

② _____ 할 얘기가 없어요.　会ってもする話がありません。

③ 돈이 _____ 참아요.　お金がなくても我慢します。

ヒント）　① 먹다　② 만나다　③ 없다

2. 推測、意志を表す －ㄹ／－을 것이다（～するつもりだ、～だろう）

　－ㄹ／－을 것이다は用言の語幹に付いて、推測や意志を表す表現です。－ㄹ／－을 것이다は縮約して －ㄹ／－을 거다となり、口語ではこの形がよく使われます。ここでも、괜찮아질 거라고（大丈夫になるだろうと）、못 살 거（生きられないと思う）、붙잡을 거야（しがみつくつもりだよ）、갈 거라면（行くのなら）が頻繁に登場し、去っていく恋人に向かって、別れた後のつらさを推測し、そのつらさを切々と説いています。

形態）　パッチムなし語幹、ㄹ語幹　＋ －ㄹ 것이다　例：갈 것이다、놀 것이다（ㄹ脱落）
　　　　パッチムあり語幹　＋ －을 것이다　例：먹을 것이다

例文） 선물 보낼 거예요.　プレゼント送るつもりです。
　　　 날 떠날 거라면 솔직히 말해 줘요.　私から去るのなら正直に言ってください。
　　　 이번 점수는 좋을 거야.　今回の点数はいいはずだよ。

練習問題　下線部に、正しい韓国語を書きましょう。

① 곧 ＿＿＿＿＿＿＿＿＿＿＿．　すぐ連絡するつもりです。

② 금방 ＿＿＿＿＿＿＿＿＿＿．　すぐに終わるはずだよ。

③ 그 사람 한국말 ＿＿＿＿＿＿＿．　その人、韓国語上手なはずだよ。

ヒント）① 연락하다　② 끝나다　③ 잘하다

3. 勧誘や提案を表す －자（〜しよう）

　－자は、動詞や存在詞있다の語幹に付いて、友達や目下の人に向かって勧誘や提案をするときに使う語尾です。ここでは、－고（〜と）と用いられて、만나자고（会おうと）や보자고（会おうと）、헤어지잔（別れようという／헤어지자고 하는の縮約形）で登場します。

形態）　語幹 ＋ －자　例：가자、먹자、있자

例文）　내일은 학교 같이 가자！　明日は学校、一緒に行こう！
　　　 우리 더 이상 만나지 말자.　私たち、これ以上会うのはやめよう。
　　　 좀 믿어 보자.　ちょっと信じてみよう。

練習問題　下線部に、正しい韓国語を書きましょう。

① 버스를 타고 ＿＿＿＿＿＿＿．　バスに乗って行こう。

② 인터넷에서 ＿＿＿＿＿＿．　インターネットで探そう。

③ 내일 다시 ＿＿＿＿＿＿＿．　明日また連絡しよう。

④ 만나서 ＿＿＿＿＿＿＿＿．　会って話そう。

ヒント）① 가다　② 찾다　③ 연락하다　④ 이야기하다

#06 Only One / BoA

<ruby>멀어져만<rt>モロジョマン</rt></ruby> <ruby>가는<rt>ガヌン</rt></ruby>₁ <ruby>그대<rt>グデ</rt></ruby> You're the only one
[머러저만]

<ruby>내가<rt>ネガ</rt></ruby>₂ <ruby>사랑했던<rt>サランヘットン</rt></ruby>₃ <ruby>것만큼<rt>ゴンマンクム</rt></ruby> You're the only one
[사랑핻떤] [건만큼]

<ruby>아프고<rt>アプゴ</rt></ruby>₄ <ruby>아프지만<rt>アプジマン</rt></ruby>₅ <ruby>바보<rt>バボ</rt></ruby> <ruby>같지만<rt>ガッチマン</rt></ruby>₆ Good bye
[갇찌만]

<ruby>다시<rt>タシ</rt></ruby> <ruby>널<rt>ノル</rt></ruby>₇ <ruby>못<rt>モッ</rt></ruby> <ruby>본다<rt>ポンダ</rt></ruby> <ruby>해도<rt>ヘド</rt></ruby>₈ You're the only one, Only One
[몯 뽄다]

<ruby>어색하게<rt>オセカゲ</rt></ruby>₉ <ruby>마주앉아<rt>マジュアンジャ</rt></ruby>₁₀ <ruby>사소한<rt>サソハン</rt></ruby>₁₁ <ruby>얘기로<rt>イェギロ</rt></ruby> <ruby>안부를<rt>アンブルル</rt></ruby> <ruby>묻고<rt>ムッコ</rt></ruby>₁₂
[어새카게] [마주안자] [묻꼬]

<ruby>가끔<rt>カックム</rt></ruby> <ruby>대화가<rt>デファガ</rt></ruby> <ruby>끊기는<rt>クンキヌン</rt></ruby>₁₃ <ruby>순간에는<rt>スンガンエヌン</rt></ruby>₁₄
[끈키는]

<ruby>차가운<rt>チャガウン</rt></ruby>₁₅ <ruby>정적 우릴<rt>ジョンジョクウリル</rt></ruby>₁₆ <ruby>얼게<rt>オルゲ</rt></ruby> <ruby>만들어<rt>マンドゥロ</rt></ruby>₁₇
[만드러]

<ruby>지금<rt>チグ</rt></ruby> <ruby>이<rt>ミ</rt></ruby> <ruby>자리에서<rt>ジャリエソ</rt></ruby> <ruby>우리는<rt>ウリヌン</rt></ruby> <ruby>남이<rt>ナミ</rt></ruby> <ruby>되겠지<rt>トェゲッチ</rt></ruby>₁₈
[지그 미] [나미] [되겓찌]

<ruby>어느<rt>オヌ</rt></ruby> <ruby>누군가는<rt>ヌグンガヌン</rt></ruby> <ruby>눈물<rt>ヌンムル</rt></ruby> <ruby>흘리며<rt>フルリミョ</rt></ruby>₁₉ <ruby>남겠지만<rt>ナムケッチマン</rt></ruby>₂₀
[남겓찌만]

<ruby>상처<rt>サンチョ</rt></ruby> <ruby>주지<rt>ジュジ</rt></ruby> <ruby>않으려고<rt>アヌリョゴ</rt></ruby>₂₁ <ruby>자꾸<rt>チャック</rt></ruby> <ruby>애를<rt>エルル</rt></ruby> <ruby>써<rt>ソ</rt></ruby> <ruby>가면서<rt>ガミョンソ</rt></ruby>₂₂
[아느려고]

⟨ PROFILE ⟩
2000年、13歳の時に韓国でデビュー。翌年の2001年には日本デビューも果たした。2002年には日韓両国で「No.1」がヒットして、トップに上り詰める。「Only One」はBoA本人が作詞・作曲した、はかなく切ない失恋ソング。

ただ遠くなっていくあなた You're the only one	1　멀어지다（遠くなる）＋ －어 가다（～していく）の現在連体形。その間に ～만（～だけ）を入れて「ただ」の意味を加えた形
	2　～가（～が）が付くと나（私）が내となる
私が愛していた分だけ You're the only one	3　사랑하다（愛する）の過去連体形
	4　아프다（つらい）＋ －고（～くて）
すごくつらいけど ばかみたいだけど Good bye	5　아프다（つらい）＋ －지만（～だけど）。아프고 아프지만と続けることで「すごくつらい」の意味
	6　같다（～みたいだ）＋ －지만（～だけど）
	7　너（あなた）＋ ～를（～を）の縮約形
二度とあなたに会えないとしても You're the only one, Only One	8　못 보다（会えない）＋ －ㄴ다 해도（～するとしても）。－ㄴ다 해도は －ㄴ다고 해도の省略形
	9　어색하다（ぎこちない）の副詞形
ぎこちなく向かい合わせに座って ささいな話で近況を聞く	10　마주앉다（向かい合わせに座る）＋ －아（～して）。本来 [마주안자] の자は有声音化するが、メロディーに合わせて有声音化せずに発音している
	11　사소하다（ささいだ）の現在連体形
時々会話が途切れる瞬間には	12　묻다（尋ねる）＋ －고（～して）
	13　끊기다（途切れる）の現在連体形
	14　本来の発音は [순가네는] となるが、メロディーに合わせて文字通りに発音している。
冷たい静寂（が） 私たちを凍らせる	15　차갑다（冷たい／ㅂ変則）の現在連体形
	16　우리（私たち）＋ ～를（～を）の縮約形
今この場所で私たちは 他人になるだろうね	17　얼다（凍る）＋ －게 만들다（～させる）のパンマル形
	18　남（他人）＋ ～이 되다（～になる）＋ －겠지（～だろうね）
他の誰かは涙を流しながら 残るだろうけど	19　흘리다（流す）＋ －며（～しながら）
	20　남다（残る）＋ －겠지만（～だろうけど）
	21　상처 주다（傷つける）＋ －지 않으려고（～しないように）
傷つけないように しきりに努力していきながら	22　애를 쓰다（努力する／으語幹）＋ －어 가다（～していく）＋ －면서（～しながら）

#06 Only One／BoA

눈치 보는 니 모습 싫어 So I'll let you go
[시러]

내 사랑 이제는 안녕 You're the only one (You're the only one)
[이제느 난녕]

이별하는 이 순간에도 You're the only one
[순가네도]

아프고 아프지만 바보 같지만 Good bye
[갇찌만]

다시 널 못 본다 해도 You're the only one, Only One
[몯 뽄다]

You're the only one, Only One

갑작스런 나의 말에 왠지 모르게 넌 안심한 듯해
[갑짝쓰런] [나에] [마레] [안시만] [드태]

어디서부터 우린 이렇게 잘못된 걸까
[우리 니러케] [잘몯된]

오래 전부터, 다른 곳만, 기대한 건 아닌지
[곧만] [거 나닌지]

너무 다른 시작과 끝의 그 날카로움이
[시작꽈] [끄테] [날카로우미]

내 심장을 찌르는 아픔은 왜 똑같은지
[아프믄] [똑까트지]

벅찬 가슴이 한 순간에 공허하게 무너져서
[가스미] [순가네] [무너저서]

Only One / BoA

顔色をうかがう
あなたの姿が嫌なの
So I'll let you go

私の愛 もうさようなら
You're the only one
(You're the only one)

別れるこの瞬間にも
You're the only one

すごくつらいけど
ばかみたいだけど
Good bye

二度とあなたに会えないとしても
You're the only one, Only One

You're the only one, Only One

突然の私の言葉に
なぜだか分からないけど
あなたは安心したようね

どこから私たちは
こんなふうに間違えたのかしら

かなり前から 違う場所だけ
期待してたんじゃないかしら

まったく違う
始まりと終わりのその鋭さが

私の心臓を刺す痛みは
どうして同じなのかしら

手に負えない胸が
一瞬でむなしく崩れて

23　눈치 보다（顔色をうかがう）の現在連体形
24　너（あなた）＋～의（～の）の縮約形네。口語では、ほぼ니と発音されるため、表記も니となっている
25　싫다（嫌だ）のパンマル形
26　이별하다（別れる）の現在連体形。本来の発音は［이뼈라는］となるが、メロディーに合わせて文字通りに発音している
27　갑작스럽다（突然だ／ㅂ変則）の現在連体形、갑작스러운の縮約形
28　왜（なぜ）＋～인지（～なのか）の縮約形
29　모르다（分からない）の副詞形。왠지 모르게の形で用いて「なぜだか分からないけど」の意味
30　너（あなた）＋～는（～は）の縮約形
31　안심하다（安心する）の過去連体形
32　듯하다（～なようだ）のパンマル形
33　어디（どこ）＋～서부터（～から）。～서부터は～에서부터の縮約形
34　우리（私たち）＋～는（～は）の縮約形
35　이렇다（このようだ）の副詞形
36　잘못되다（間違う）＋－ㄴ 걸까（～したのだろうか）。－ㄴ 걸까は－ㄴ 것일까の口語形
37　다르다（違う）の現在連体形
38　기대하다（期待する）＋－ㄴ 건 아니다（～したのではない）＋－ㄴ지（～のか）。건は것은の口語形
39　날카롭다（鋭い）＋－음（～なこと）＋～이（～が）
40　찌르다（突き刺す）の現在連体形
41　아프다（痛い）＋－음（～なこと）＋～은（～は）
42　똑같다（同じだ）＋－은지（～なのか）
43　벅차다（手に負えない）の過去連体形
44　공허하다（むなしい）の副詞形
45　무너지다（崩れる）＋－어서（～して）

#06 Only One／BoA

イロン　ネ　モス　　ボトケ　　　イロソルカ
이런 [46] 내 모습 어떻게 [47] 일어설까 [48]
　　　　　[모스 버떠케]　　[이러설까]

ネ　サラン　イジェヌ　　ナンニョン
내 사랑 이제는 안녕 You're the only one (Only one)
　　　　　[이제느 난녕]

イビョルハヌン　イ　スンガネド
이별하는 이 순간에도 You're the only one
　　　　　　　[순가네도]

アプゴ　アプジマン　バボ　ガッチマン
아프고 아프지만 바보 같지만 Good bye (Good bye)
　　　　　　　　　　　[갇찌만]

タシ　ノル モッ ポンダ ヘド
다시 널 못 본다 해도 You're the only one (You're the only one)
　　　　[몯 뽄다]

ネ　モリッソグン　　オンジェッチュムノルル チウルカ
내 머릿속은 언제쯤 너를 지울까 [49] (I will let you go)
　　[머릳쏘근]

ハル　イトゥル ハンダル　モルゲヌン　　アマ　ミョンニョンチュム
하루 이틀 한달, 멀게는 [50] 아마 몇 년쯤 (My baby can't forget)
　　　　　　　　　　　　　　　[면 년쯤]

クリゴ　オンジェンガ　ノエ　キオク　ソゲヌン
그리고 언젠가 너의 기억 속에는
　　　　　　　　[너에] [기억 쏘게는]

ナラン　サラムン　ド イサン　サルジ　アンケッチ　チウゲッチ
나란 [51] 사람은 더 이상 살지 않겠지 [52] 지우겠지 [53]
　　　[사라믄]　　　　　　　[안켇찌]　 [지우겓찌]

Only One Only One You're the only one, Only One

50

こんな私の姿
どうやって立てばいいのかしら

私の愛　もうさようなら
You're the only one
(You're the only one)

別れるこの瞬間にも
You're the only one

すごくつらいけど
ばかみたいだけど
Good bye (Good bye)

二度とあなたに会えないとしても
You're the only one, Only One
(You're the only one)

私の頭の中は
いつごろあなたを消すかしら
(I will let you go)

1日、2日、1カ月、
もしかしたら数年ぐらい
(My baby can't forget)

そして いつか
あなたの記憶の中には

私という人は
これ以上生きていないだろうね
消すだろうね

Only One Only One
You're the only one, Only One

46　이렇다 (このようだ／ㅎ変則) の現在連体形
47　어떻다 (どのようだ) の副詞形
48　일어서다 (立ち上がる) ＋ －ㄹ까 (〜だろうか)
49　지우다 (消す) ＋ －ㄹ까 (〜だろうか)
50　멀다 (遠い) の副詞形＋〜는 (〜は)。ここでは「果ては」の意味
51　나 (私) ＋〜란 (〜という) の縮約形。〜란は〜라고 하는の縮約形
52　살지 않다 (生きない) ＋ －겠지 (〜だろうね)
53　지우다 (消す) ＋ －겠지 (〜だろうね)

文法と練習

1. 自分の意見を慎重に述べる －겠－（〜だろう）

　－겠－は用言の語幹に付いて、推測や意志を表す補助語幹で、さまざまな意味がありますが、そのうちの一つが、自分の考えや意見を慎重に述べる意味です。－겠－は用言と語尾の間に挟んで使いますが、ここでは남이 되겠지（他人になるだろうね）と、〜이 되다（〜になる）と－지（〜だね）の間に－겠－を入れて、「他人になるだろうね」と、これから起こる別れを推測しているわけです。

形態） 語幹 ＋－겠－＋語尾　例：가겠다、먹겠다

例文）
꼭 기회가 있겠어요.　必ずチャンスがあるでしょう。
어차피 안되겠지.　どうせ駄目だろうね。
답장 주시면 감사하겠어요.　返事いただけたら感謝いたします。

> **練習問題**　下線部に、正しい韓国語を書きましょう。

① 약속 시간에 ＿＿＿＿＿＿＿.　約束の時間に遅れるだろうね。

② 속상해 ＿＿＿＿＿＿＿.　悔しくて死にそうです。

ヒント）① 늦다　② 죽다

2. 推測や問いを表す －ㄹ까／－을까（〜するだろうか？）

　－ㄹ까／－을까は用言の語幹に付いて、推測や質問をするときに使う語尾です。丁寧語を使うべき相手には、요を付けて－ㄹ까요／－을까요（〜でしょうか？）とします。ここでは自分に対する問い掛けとして、独り言のように使われていますが、話し相手の意向を尋ねるときや相手に提案するときにもよく使われます。

形態） パッチムなし語幹 、 ㄹ語幹 ＋－ㄹ까　例：갈까、놀까（ㄹ脱落）
　　　　パッチムあり語幹 ＋－을까　例：먹을까

例文） 내일도 비가 올까.　明日も雨が降るだろうか？
　　　　그는 왜 항상 그럴까.　彼はなぜ、いつもそうなのだろうか？
　　　　우리 뭐 할까요.　私たち何しましょうか？

練習問題 下線部に、正しい韓国語を書きましょう。

① 집에 _____ .　家に到着しただろうか？

② 밥이나 _____ .　ごはんでも食べようか？

③ 오늘 다 _____ .　今日、全部終わるだろうか？

ヒント）① 도착했다　② 먹다　③ 끝나다

3. 漠然とした疑問 －ㄴ지 / －은지（～なのか）

　－ㄴ지 / －은지は形容詞、指定詞の語幹に付いて、漠然とした疑問を表す語尾です。丁寧語を使うべき相手には、요を付けて －ㄴ지요 / －은지요（～でしょうか）とします。ここでは、기대한 건 아닌지（期待してたんじゃないかしら）、똑같은지（同じなのかしら）のように、一貫して自分自身に問い掛ける内容となっていますが、このように自問自答を繰り返しながら、別れの気持ちがより深まっていくようです。

形態）　パッチムなし語幹、ㄹ語幹 ＋ －ㄴ지　例：예쁜지、먼지（ㄹ脱落）、책인지

　　　パッチムあり語幹 ＋ －은지　例：작은지

※動詞、存在詞に付く場合

語幹 ＋ －는지　例：가는지、먹는지、있는지

例文）　저것보다 싼지.　あれより安いのだろうか。

　그 남자 도대체 누구인지 …　あの男性、一体誰なのか……。

　다 할 수 있는지 궁금해요.　全部できるのか気になります。

練習問題 下線部に、正しい韓国語を書きましょう。

① 요즘 얼마나 _____ 몰라요.　最近どれほど忙しいのか分かりません。

② 시간은 _____ .　時間は十分なのか。

③ 매운 음식을 _____ .　辛い食べ物が得意なのか。

④ 이게 _____ 아세요?　これは何なのかご存じですか？

ヒント）① 바쁘다　② 충분하다　③ 잘 먹다　④ 무엇이다

#07 HUG / 동방신기

ハルマン　ニ　　　パンエ　　チムデガ　　トェゴ　シポ
하루만 니₁ 방의 침대가 되고 싶어₂
　　　　　[방에]　　　　　　　　　　[시퍼]

ト　タスイ　　　ポグニ　　ネ　プメ　　カムサ　アンコ　　チェウゴ　シポ
더 따스히₃ 포근히₄ 내₅ 품에 감싸 안고₆ 재우고 싶어₇
　[따스이]　[포그니]　　[푸메]　　[안꼬]　　　　　[시퍼]

アジュ　チャグン　ドゥィチョギムド　ノエ　　チョグマン　　ソクサギメ
아주 작은₈ 뒤척임도 너의 조그만 속삭임에
　　　[자근]　[뒤처김도]　　[너에]　　　　　　[속싸기메]

ナン　クム　ソゲ　クェムルド　イギョネ　　ボリル　テンデ
난 꿈 속의 괴물도 이겨내 버릴 텐데₉
　　　[꿈 쏘게]

ネガ　　オムヌン　ノエ　　ハルン　　オットケ　　ウルロガヌン　　ゴンジ
내가₁₀ 없는₁₁ 너의 하룬₁₂ 어떻게₁₃ 흘러가는 건지₁₄
　　　　[엄는]　[너에]　　[어떠케 을러가는]

ナル　　ロルマナ　サランハヌンジ　　ナン　ノムナ　　クングマンデ
나를 얼마나 사랑하는지₁₅ 난 너무나 궁금한데₁₆
[나르 럴마나]　　　　　　　　　　　　　　　[궁그만데]

ノエ　　チャグン　ソラプ　ソゲ　　イルギッチャンイ　トェゴ　シポ
너의 작은 서랍 속의 일기장이 되고 싶어₁₇
[너에]　[자근]　[서랍 쏘게]　[일기짱이]　　　　　[시퍼]

アル　ス　オムヌン　ノエ　ク　ピミルド　ネ　マムソゲ　　タマ　ドゥルレ　ノ　モルレ
알 수 없는₁₈ 너의 그 비밀도 내 맘속에₁₉ 담아 둘래₂₀ 너 몰래
[알 쑤]　[엄는]　[너에]　　　　　　　[맘쏘게]　[다마]

ハルマン　ノエ　　コヤンイガ　トェゴ　シポ
하루만 너의 고양이가 되고 싶어₂₁
　　　　[너에]　　　　　　　　　[시퍼]

ニガ　　ジュヌン　マディンヌン　　ウユワ　　プドゥロウン　　ニ　プ　マネソ
니가₂₂ 주는₂₃ 맛있는₂₄ 우유와 부드러운₂₅ 니 품 안에서
　　　　　　　　[마딘는]　　　　　　　　　　　　　　[푸 마네서]

54

〈 PROFILE 〉
2003年に5人組ボーカルグループとしてデビュー。日本を始め、アジア各国で人気を博したが、2010年に3人が離脱して現在は2人組として活動している。「HUG」はデビュー曲で、ミュージックビデオには5人のかわいらしい姿が収められている。

一日だけ君の部屋の ベッドになりたい	1　너(君) + ~의(~の)の縮約形네。口語では、ほぼ니と発音されるため、表記も니となっている
	2　침대(ベッド) + ~가 되다(~になる) + -고 싶다(~したい)のパンマル形
もっとポカポカと暖かく 僕の胸に包み抱いて 寝かせたい	3　따스하다(ぽかぽかだ)の副詞形。따스하다は다스하다の強調形
	4　포근하다(暖かい)の副詞形
とても小さな寝返りも 君の小さなささやきに	5　나(僕) + ~의(~の)の縮約形
	6　감싸 안다(包み抱く) + -고(~して)
	7　재우다(寝かせる) + -고 싶다(~したい)のパンマル形
	8　작다(小さい)の現在連体形
僕は夢の中の怪物にも 勝ってしまうのに	9　이겨내다(勝ち抜く) + -어 버리다(~してしまう) + -ㄹ 텐데(~するはずなのに)
	10　~가(~が)が付くと나(僕)が내となる
僕がいない君の一日は どうやって流れていくのか	11　없다(いない)の現在連体形
	12　하루(一日) + ~는(~は)の縮約形
	13　어떻다(どのようだ)の副詞形
僕をどれくらい愛しているか 僕はすごく気になるけど	14　흘러가다(流れていく) + -는 건지(~するのだろうか)。건지は것인지の口語形
	15　사랑하다(愛する) + -는지(~するか)
	16　궁금하다(気になる) + -ㄴ데(~するけど)
君の小さな引き出しの中の 日記になりたい	17　일기장(日記) + ~이 되다(~になる) + -고 싶다(~したい)のパンマル形
	18　알다(知る/ㄹ語幹) + -ㄹ 수 없다(~できない)の現在連体形
知ることができない 君のその秘密も 僕の心の中にしまっておくよ 君にこっそり 一日だけ君のネコになりたい	19　맘(心) + 속(中) + ~에(~に)。맘は마음の縮約形
	20　담다(しまう) + -아 두다(~しておく) + -ㄹ래(~するよ)
	21　고양이(ネコ) + ~가 되다(~になる) + -고 싶다(~したい)のパンマル形
	22　~가(~が)が付くと너(君)が네となる。口語では、ほぼ니と発音されるため、表記も니となっている
	23　주다(くれる)の現在連体形
君がくれるおいしいミルクと 柔らかい君の胸の中で	24　맛있다(おいしい)の現在連体形
	25　부드럽다(柔らかい/ㅂ変則)の現在連体形

#07 HUG ／동방신기

움직이는 장난에도 너의 귀여운 입맞춤에
[움지기는] [장나네도] [너에] [임맏추메]

나도 몰래 질투를 느끼고 있었나 봐
[질투를 르끼고] [이썬나]

내 마음이 이런 거야 너밖엔 볼 수 없는 거지
[마으미] [너바껜] [볼 쑤] [엄는]

누구를 봐도 어디 있어도 난 너만 바라보잖아
[이써도] [바라보자나]

단 하루만 아주 친한 너의 애인이 되고 싶어
[치난] [너에] [애이니] [시퍼]

너의 자랑도 때론 투정도 다 들을 수 있을 텐데 널 위해
[너에] [드를 쑤] [이쓸]

In my heart in my soul 나에게 사랑이란 아직 어색하지만 uh uh babe
[아지 거새카지만]

이 세상 모든 걸 너에게 주고 싶어 꿈에서라도
[시퍼] [꾸메서라도]

내 마음이 이런 거야 지켜볼 수만 있어도
[마으미] [지켜볼 쑤마 니써도]

너무 감사해 많이 행복해 나 조금은 부족해도
[마니] [행보캐] [조그믄] [부조캐도]

언제까지 너의 곁에 연인으로 있고 싶어
[니에] [거테] [여니느로] [읻꼬] [시퍼]

너를 내 품에 가득 안은 채 굳어 버렸으면 싶어 영원히
[너를 래] [푸메] [가드 가는] [구더] [버려쓰면] [시퍼]

HUG ／ 東方神起

動くいたずらにも 君のかわいいキスに	26 움직이다（動く）の現在連体形
	27 귀엽다（かわいい／ㅂ変則）の現在連体形
僕も知らずのうちに 嫉妬を感じていたようだ	28 느끼다（感じる）＋－고 있다（～している）＋－었나 보다 （～したみたいだ）のパンマル形
	29 이렇다（このようだ／ㅎ変則）＋－ㄴ 거다（～なんだ）のパンマル形
僕の気持ちはこうなんだよ 君の他には見えないんだよ	30 너（君）＋밖（他）＋～에는（～には）の縮約形
	31 보다（見る）＋－ㄹ 수 없다（～できない）＋－는 거다（～なんだ）＋－지（～だよ）
誰に会ってもどこにいても 僕は君だけ 見詰めてるじゃないか	32 보다（会う）＋－아도（～しても）
	33 있다（いる）＋－어도（～ても）
	34 바라보다（見詰める）＋－잖아（～じゃないか）
たった一日だけ とても親しい君の恋人になりたい	35 친하다（親しい）の現在連体形
	36 애인（恋人）＋～이 되다（～になる）＋－고 싶다（～したい）のパンマル形
君の自慢も 時にはおねだりも 全て聞けるはずなのに 君のために	37 때로는（時には）の縮約形
	38 듣다（聞く／ㄷ変則）＋－ㄹ 수 있다（～できる）＋－을 텐데（～するはずなのに）
	39 너（君）＋～를 위해（～のために）の縮約形
In my heart in my soul 僕にとって愛というものは まだぎこちないけど uh uh babe この世の全てのものを 君にあげたい 夢ででも	40 사랑（愛）＋～이란（～というものは）。～이란は～이라고 하는 것은の縮約形
	41 어색하다（ぎこちない）＋－지만（～けど）
	42 거（もの）＋～를（～を）の縮約形
	43 주다（あげる）＋－고 싶다（～したい）のパンマル形
	44 꿈（夢）＋～에서（～で）＋～라도（～でも）
僕の気持ちはこうなんだよ 見守っていられるだけでも	45 지켜보다（見守る）＋－ㄹ 수 있다（～できる）＋－어도（～でも）。この間に만（だけ）を入れて強調した形
とても感謝しているよ すごく幸せだよ 僕（が）少しは未熟でも	46 감사하다（感謝する）のパンマル形
	47 행복하다（幸せだ）のパンマル形
	48 부족하다（未熟だ）＋－어도（～でも）
いつまでも君のそばに 恋人としていたい	49 있다（いる）＋－고 싶다（～したい）のパンマル形
	50 안다（抱く）の過去連体形＋채（～まま）
君を僕の胸にぎゅっと抱いたまま 固まってしまったらと思う 永遠に	51 굳다（固まる）＋－어 버리다（～してしまう）＋－었으면 싶다（～したらと思う）のパンマル形
	52 영원하다（永遠だ）の副詞形。本来の発音は[영워니]となるが、メロディーに合わせて文字通りに発音している

#07 HUG ／동방신기

文 法 と 練 習

1. 願望を表す −고 싶다（〜したい）

　−고 싶다は動詞や存在詞있다の語幹に付いて、話し手の願望を表す表現です。ここでは、**침대가 되고 싶어**（ベッドになりたい）、**일기장이 되고 싶어**（日記になりたい）、**고양이가 되고 싶어**（ネコになりたい）、**연인이 되고 싶어**（恋人になりたい）、と〜이／〜가 되다（〜になる）＋−고 싶다（〜したい）の組み合わせで、彼女の身の回りのものになって、彼女を見守り続けたいという男性の気持ちを歌っています。

形態） 語幹 ＋ −고 싶다　例：가고 싶다、먹고 싶다、있고 싶다

例文） 꼭 사고 싶어요．必ず買いたいです。
　　　성실한 사람이 되고 싶어．誠実な人になりたい。
　　　맛있는 커피를 먹고 싶어요．おいしいコーヒーが飲みたいです。

練習問題　下線部に、正しい韓国語を書きましょう。

① 끝까지 _____．最後まで信じたいです。

② 한국 노래를 _____．韓国の歌を歌いたいです。

ヒント）① 믿다　② 부르다

2. 推測を表す −ㄹ／−을 텐데（〜するはずなのに）

　−ㄹ／−을 텐데は用言の語幹に付いて、話し手が推測したことを話すときに使う表現です。ここでは、**이겨내 버릴 텐데**（勝ってしまうのに）、**들을 수 있을 텐데**（聞けるはずなのに）が登場しますが、どちらも、彼女の近くにいられたら自分ができるであろうことを、推測して言っているわけです。この表現は、過去を表す −았−／−었−と一緒に用いて、−았을／−었을 텐데（〜するはずだったのに）の形でもよく使います。また、丁寧語を使うべき相手には、요を付けて −ㄹ／−을 텐데요（〜するはずでしょうに）とします。

形態） パッチムなし語幹 、 ㄹ語幹 ＋ −ㄹ 텐데　例：갈 텐데、놀 텐데（ㄹ脱落）
　　　 パッチムあり語幹 ＋ −을 텐데　例：먹을 텐데

58

例文） 이러면 안될 텐데.　これじゃ、駄目だろうに。
　　　 올 수 있으면 좋을 텐데요.　来られたらいいでしょうに。

練習問題　下線部に、正しい韓国語を書きましょう。

① 일 때문에 _____ .　仕事のせいで忙しいだろうに。

② _____ .　疲れているでしょうに。

③ 휴일이면 _____ .　休みなら行くのに。

④ 살만 빼면 _____ .　痩せさえすればかっこいいはずなのに。

ヒント）① 바쁘다　② 피곤하다　③ 가다　④ 멋있다

3. 確認や訂正を促す表現 - 잖아（〜じゃないか）

　-잖아は用言の語幹に付いて、話し手が聞き手に確認したり、発言の訂正を促したりする表現です。友達などの親しい間柄や、目下の人に対して用いますが、요を付ければ -잖아요（〜じゃないですか）と、丁寧な表現になります。ここでは、바라보잖아（見詰めているじゃないか）と、彼女に対して、自分がいちずであることを確認する意味で使われています。

形態）　語幹 ＋ -잖아　例：가잖아、먹잖아

例文）　싫다고 했잖아!　嫌だって言ったじゃない！
　　　　파란 색이 더 예쁘잖아요.　青色がよりきれいじゃないですか。

練習問題　下線部に、正しい韓国語を書きましょう。

① 빨리 가자고 _____ .　早く行こうと言ったじゃないか。

② 연락이 _____ .　連絡が来ないじゃないか。

③ 생각보다 값이 _____ .　思ったより値段が高いじゃないか。

④ 우리 _____ .　私たち愛したじゃないですか。

ヒント）① 하다　② 안 오다　③ 비싸다　④ 사랑하다

#08 좋은 날 / IU
いい日

어쩜 이렇게 하늘은 더 파란 건지
[어쩌 미러케] [하느른]

오늘따라 왜 바람은 더 완벽한지
[바라믄] [완벼칸지]

그냥 모르는 척 하나 못 들은 척
[몬 뜨른]

지워 버린 척 딴 얘길 시작할까
[딴 내길] [시자칼까]

아무 말 못하게 입맞출까
[모타게] [임맏출까]

★ 눈물이 차올라서 고갤 들어
[눈무리] [드러]

흐르지 못하게 또 살짝 웃어
[모타게] [우서]

내게 왜 이러는지 무슨 말을 하는지
[마를]

오늘 했던 모든 말 저 하늘 위로
[오느 랟떤]

〈 PROFILE 〉
2008年、中学3年の時にデビューし、「国民的妹」の愛称で親しまれ、高い人気を誇る。「좋은 날」は思いを寄せるオッパ（年上男性）が自分の気持ちに気付いてくれずに思い悩む少女の気持ちが歌われている。

どうしてこんなに 空はより青いのだろうか	1 어쩜は어찌하다（どうする）＋ －면（〜したら）の縮約形어쩌면（どうすれば）をさらに縮約した形
	2 이렇다（このようだ）の副詞形
今日に限ってどうして 風はより完璧なのか	3 파랗다（青い／ㅎ変則）＋ －ㄴ 건지（〜なのか）。건지は것인지の口語形
	4 완벽하다（完璧だ）＋ －ㄴ지（〜なのか）
ただ知らないふり 一つも聞こえなかったふり	5 모르다（知らない）の現在連体形
	6 못 듣다（聞こえない／ㄷ変則）の過去連体形
	7 지우다（消す）＋ －어 버리다（〜してしまう）の過去連体形
消してしまったふり 違う話を始めようか	8 얘기（話）＋〜를（〜を）の縮約形
	9 시작하다（始める）＋ －ㄹ까（〜しようか）
	10 아무 말（何の言葉）＋ 못하다（言えない）の副詞形で、「何も言えないように」の意味
何も言えないように 口づけしようか	11 입맞추다（口づけする）＋ －ㄹ까（〜しようか）
	12 차오르다（込み上げる）＋ －아서（〜して）
	13 고개（顔）＋〜를（〜を）の縮約形
涙が込み上げて顔を上げる	14 들다（上げる）のパンマル形
	15 흐르다（こぼれる）＋ －지 못하다（〜できない）の副詞形
	16 웃다（笑う）のパンマル形
こぼれないように またそっと笑う	17 나（私）＋〜에게（〜に）の縮約形
	18 이러다（こうする）＋ －는지（〜するのか）
	19 하다（言う）＋ －는지（〜するのか）
私にどうしてこうなのか どんな言葉を言うのか	20 하다（言う）の過去連体形
今日言っていた全ての言葉 あの空の上へ	

#08 좋은 날／IU

ハン ボンド モテットン マル
한 번도 못했던 21 말
[모탣떤]

ウルミョンソ ハル チュルン ナ モルラットン マル
울면서 22 할 줄은 나 몰랐던 23 말
[할 쭈른] [몰랃떤]

ナヌンニョ オッパガ チョウンゴル オットケ
나는요 24 오빠가 좋은걸 25 어떡해 26
[나는뇨] [조은걸] [어떠캐]

セロ パックィン ネ モリガ ビョルロヨンヌンジ
새로 바뀐 27 내 28 머리가 별로였는지 29
[별로연는지]

イプコ ナワットン オシ シルスヨットン ゴンジ
입고 30 나왔던 31 옷이 실수였던 건지 32
[입꼬] [나왇떤] [오시] [실쑤엳떤]

アジン モルヌン チョッキオ ガン ナヌン チョク
아직 모르는 척 기억 안 나는 33 척
[아징 모르는] [기어 간]

アム イ ロプトン ゴッチョロム グロ ボルカ
아무 일 없던 34 것처럼 굴어 볼까 35
[이 럽떤] [구러]

クニャン ナガジャゴ イェギハルカ
그냥 나가자고 36 얘기할까 37

★をリピート

イロン ナルル ボゴ クロン スルプン マルン ハジ マラヨ
이런 나를 보고 38 그런 슬픈 39 말은 하지 말아요 40
[마른] [마라요]

チョロムヌン ゴンジ チョグム ドゥナン ゴンジ ミドゥル スガ オムヌンゴルリョ
철없는 건지 41 조금 둔한 건지 42 믿을 수가 없는걸요 43
[처름는] [두난] [미들 쑤가] [엄는걸료]

一度も言えなかった言葉	21 못하다(言えない)の過去連体形
	22 울다(泣く)＋ー면서(〜しながら)
泣きながら言うとは 私(は)思わなかった言葉	23 하다(言う)＋ーㄹ 줄 모르다(〜するとは思わない)の過去連体形。この間に、〜은(〜は)が入った形
	24 나(私)＋〜는(〜は)＋〜요(〜です)。요は単語の後ろに付けて丁寧さを付け加えるが、訳されない場合も多い
私はオッパが好きなの どうしよう	25 좋다(好き)＋ー은걸(〜だなあ)
	26 어떡하다(どうする)のパンマル形
	27 바뀌다(変える)の過去連体形
新しく変えた私のヘアスタイルが いまいちだったのだろうか	28 나(私)＋〜의(〜の)の縮約形
	29 별로(いまいち)＋〜였는지(〜だったのか)
	30 입다(着る)＋ー고(〜して)
着て出た服が 失敗だったのだろうか	31 나오다(出る)の過去連体形
	32 실수(失敗)＋〜였던 건지(〜だったのか)
	33 기억 안 나다(思い出せない)の現在連体形
まだ分からないふり 思い出せないふり	34 아무 일 없다(何事もない)の過去連体形
	35 굴다(振る舞う)＋ー어 보다(〜してみる)＋ーㄹ까(〜しようか)
何もなかったかのように 振る舞ってみようか	36 나가다(出掛ける)＋ー자고(〜しようと)
	37 얘기하다(話す)＋ーㄹ까(〜しようか)
	38 보다(見る)＋ー고(〜して)
ただ出掛けようと話そうか	39 슬프다(悲しい)の現在連体形
	40 하다(言う)＋ー지 말다(〜することをやめる)のヘヨ体
	41 철없다(幼稚だ)＋ー는 건지(〜なのか)
	42 둔하다(鈍い)＋ーㄴ 건지(〜なのか)
	43 믿다(信じる)＋ー을 수 없다(〜できない)＋ー는걸요(〜なんですよ)。この間に、〜가(〜が)を入れて強調した形
こんな私を見て そんな悲しいことは言わないで	
幼稚なのだろうか 少し鈍いのだろうか 信じることができないんですよ	

#08 좋은 날／IU

눈물은 나오는데 활짝 웃어
[눈무른]　　　　　　　[우서]

네 앞을 막고서 막 크게 웃어
[니] [아플] [막꼬서]　　　　　　[우서]

내가 왜 이러는지 부끄럼도 없는지
　　　　　　　　　　　　　　　　　[엄는지]

자존심은 곱게 접어 하늘 위로
[자존시믄] [곱께] [저버]

한 번도 못했던 말 어쩌면 다신 못할 바로 그 말
　　　　[모탣떤]　　　　　　　　　　　[모탈]

나는요 오빠가 좋은걸
[나는뇨]　　　[조은걸]

(아이쿠 하나 둘) I'm in my dream It's too beautiful, beautiful day

Make it a good day Just don't make me cry 이렇게 좋은 날
　　　　　　　　　　　　　　　　　　　　　　　　[이러케] [조은]

涙は出るけれどにっこり笑って	44 나오다（出る）＋ －는데（～するけれど）
	45 너（あなた）＋～의（～の）の縮約形。口語ではほぼ니と発音される
あなたの前を阻んでから わっと大きく笑う	46 막다（阻む）＋ －고서（～してから）
	47 크다（大きい）の副詞形
	48 웃다（笑う）のパンマル形
私がどうしてこうなのか 恥もないのか	49 ～가（～が）が付くと나（私）が내となる
	50 부끄럽다（恥ずかしい／ㅂ変則）＋ －음（～なこと）＋ ～도（～も）
プライドはきれいに畳んで 空の上へ	51 없다（ない）＋ －는지（～なのか）
	52 곱다（きれいだ）の副詞形
	53 접다（畳む）＋ －어（～して）
一度も言えなかった言葉 もしかしたら 二度とは言えないあの言葉	54 어쩌다（どうする）＋ －면（～すれば）。ここでは「もしかしたら」の意味
	55 다시（再び）＋～는（～は）の縮約形
私は オッパが好きなの	56 못하다（言えない）の未来連体形
	57 感嘆詞아이고（あらま）の俗語
	58 좋다（いい）の現在連体形
（あら 1 2）I'm in my dream It's too beautiful, beautiful day	
Make it a good day Just don't make me cry こんなにいい日	

#08 좋은 날／IU

文法と練習

1. 予想を表す －ㄹ／－을 줄 모르다（～するとは思わない）

　－ㄹ／－을 줄 모르다は用言の語幹に付いて、話し手の予想を表す表現です。ここでは、過去連体形の －았던 が付いて 할 줄은 몰랐던（言うとは思わなかった）の形で登場します。－ㄹ／－을 줄 모르다には、この意味とは別に、「～するすべを知らない」という意味もあります。例えば 한국어를 할 줄 모르다（韓国語が話せない）、갈 줄 모르다（〈方法が分からず〉行けない）という意味になります。－ㄹ／－을 줄 모르다の反対の意味で －ㄹ／－을 줄 알다（～すると思う、～するすべを知っている）という表現もありますので、一緒に覚えておくと便利ですね。

形態） パッチムなし語幹 、 ㄹ語幹 ＋－ㄹ 줄 모르다　例：갈 줄 모르다、놀 줄 모르다（ㄹ脱落）
　　　 パッチムあり語幹 ＋－을 줄 모르다　例：먹을 줄 모르다

例文） **결혼할 줄 몰랐어요.**　結婚するとは思いませんでした。
　　　 니가 오늘 있을 줄 몰랐어.　君が今日いるとは思わなかった。
　　　 그럴 줄 알았지.　そうだと思ったよ。

練習問題　下線部に、正しい韓国語を書きましょう。

① 비가 ＿＿＿＿＿＿＿＿＿＿＿＿＿＿．雨が降るとは思いませんでした。

② 당신이 날 ＿＿＿＿＿＿＿＿＿＿＿＿＿＿．あなたが私を捨てるとは思いませんでした。

③ 내가 엄마가 ＿＿＿＿＿＿＿＿＿＿＿＿＿＿．私がママになるなんて思わなかった。

ヒント）① 오다　② 버리다　③ 되다

2. 丁寧さを表す助詞 요（～です）

　～요は終結語尾に付いて、目上の人や敬意を払うべき相手に話す、丁寧な表現になりますが、名詞や副詞、助詞、連結語尾などに付くこともあります。ただし、親しい間柄で気軽に丁寧さを付加する場合に用い、かしこまった場にはあまりふさわしくありません。ここでは 오빠（年上の男性）に対して、나는（私は）ではぶっきらぼうに聞こえるところを、～요を付けて、나는요（私はですね）と歌っているわけです。ただし日本語に訳したとき、～요は訳されないことも多いです。

形態） 名詞 、 副詞 、 助詞 、 連結語尾 、 終結語尾 ＋〜요

例文） 저요？　私ですか？
　　　이건 좀 더 많이요.　これは、もうちょっと多くです。

練習問題　下線部に、正しい韓国語を書きましょう。

① 김치찌개 정식 _____ .　キムチチゲ定食、一つです。

② _____ ? 아직이에요.　ごはんですか？　まだです。

ヒント）① 하나　② 밥

3. 関連や対立を提示する －는데 （〜するのに、〜するけれど）

　−는데は動詞や存在詞の語幹に付いて、これから話す内容に関連、もしくは対立する内容を、事前に提示する際に用いる語尾です。ここでは、눈물은 나오는데（涙は出るけれど）の後に、활짝 웃어（にっこり笑って）と、−는데を挟んで対立する言葉を並べています。

形態） 語幹 ＋－는데　例：가는데、먹는데、있는데

　　　※形容詞、指定詞に付く場合
　　　パッチムなし語幹 、 ㄹ語幹 ＋－ㄴ데　例：예쁜데、먼데（ㄹ脱落）、책인데
　　　パッチムあり語幹 ＋－은데　例：작은데

例文） 비가 오는데 우산이 없어요.　雨が降っているけど、傘がありません。
　　　예쁜데 성격이 별로다.　かわいいのに性格がいまいちだ。
　　　고양이인데 개로 보이니？　ネコなのに、イヌに見えるの？

練習問題　下線部に、正しい韓国語を書きましょう。

① _____ 죄송해요.　忙しいのにすみません。

② _____ 헤어졌어요.　愛しているのに別れました。

ヒント）① 바쁘다　② 사랑하다

#09
줄리엣 / SHINee
ジュリエット

쏟아질 듯한 [1] 달빛 역시 어두워 [2]
[쏘다질 뜨탄]　[달삗] [역씨]

터질 듯 [3] 타는 [4] 횃불 너도 마찬가지
[터질 뜯]　　　[횃뿔]

그녀에게 빛이 나는 [5] 법을 배워야 해 [6]
　　　　[비치]　　 [버블]

그녈 [7] 보면 [8] 눈이 멀어 버릴 거야 [9]
　　　　　　　[누니] [머러] [버릴 꺼야]

제발 기회를 줘요 [10] 날 [11] 보는 [12] 눈 마치

널 [13] 안고 싶어서 [14] 안달 난 [15] 내게 [16] 장난치는 [17] 여우 같아 [18]
　　[안꼬] [시퍼서]　[안달 란]　　　　　　　　　　 [가타]

★　　　　　　　영혼을 바칠게요 [19]
　　Juliette!　[영호늘]　[바칠께요]

　　Juliette!　제발 날 받아 줘요 [20]
　　　　　　　[제발 랄]　[바다]

　　Juliette!　달콤히 [21] 좀 [22] 더 달콤하게 [23] 속삭여 [24] 나의 세레나데
　　　　　　　[달코미]　　　　[달코마게]　 [속싸겨]　[나에]

〈 PROFILE 〉
2008年にデビューした5人組のコンテンポラリーバンド。デビュー曲は「Replay（누난 너무 예뻐／お姉さんはとてもきれい）」で、「お姉さま」方の大きな支持を得た。「줄리엣」は、韓国語の作詞はメンバーのジョンヒョンが担当し、大ヒットした。

降り注ぐような月の光 やっぱり暗い	1 쏟아지다（降り注ぐ）＋ －ㄹ 듯하다（～するようだ）の現在連体形 2 어둡다（暗い／ㅂ変則）のパンマル形
張り裂けるように燃えるたいまつ お前も同じ	3 터지다（張り裂ける）＋ －ㄹ 듯（～するように） 4 타다（燃える）の現在連体形 5 빛이 나다（輝く）の現在連体形
彼女に輝く方法を 習わなくてはいけない	6 배우다（習う）＋ －어야 하다（～しなければならない）のパンマル形 7 그녀（彼女）＋～를（～を）の縮約形
彼女を見れば目が見えなくなって しまうだろう	8 보다（見る）＋ －면（～すれば） 9 눈이 멀다（目が見えなくなる）＋ －어 버리다（～してしまう）＋ －ㄹ 거다（～だろう）のパンマル形
どうかチャンスをください 僕を見る目まるで	10 주다（くれる）のヘヨ体 11 나（僕）＋～를（～を）の縮約形 12 보다（見る）の現在連体形 13 너（君）＋～를（～を）の縮約形
君を抱きたくて やきもきした僕に いたずらするキツネのようだ	14 안다（抱く）＋ －고 싶다（～したい）＋ －어서（～くて） 15 안달 나다（やきもきする）の過去連体形 16 나（僕）＋～에게（～に）の縮約形 17 장난치다（いたずらする）の現在連体形 18 같다（～のようだ）のパンマル形
Juliette! 魂をささげます	19 바치다（ささげる）＋ －ㄹ게요（～します）
Juliette! どうか僕を受け入れてください	20 받다（受け入れる）＋ －아 주다（～てくれる）のヘヨ体
Juliette! 甘く もう少し甘く ささやくよ 僕のセレナーデ	21 달콤하다（甘い）の副詞形 22 조금（少し）の縮約形 23 달콤하다（甘い）の副詞形。달콤히も달콤하게も意味はほぼ同じだが、メロディーに合わせて言い方を変えている 24 속삭이다（ささやく）のパンマル形

#09 줄리엣／SHINee

달콤한 중독 활활 불 타오르는 유혹

Lip 쓴 독이라도 I'm Romeo 그댈 지키는 기사도

유리병에 갇힌 사랑은 빨간 신호

그댄 이미 온 세상의 중심 나만의 초점

하루 종일 장난치듯 날 밀고 당기고 무너져도

또 내 온 몸을 감싼 그대 향기 쫓아

멈출 수 없으니 내 심장 숨결도 모두 다 가져요

제발 맘을 열어요 날 대하는 몸짓

또 스쳐 지나도 떨리는 가슴 금방이라도 터지겠어

★をリピート

아무 말도 안해도 이미 모두 알고 있는걸

ジュリエット／SHINee

甘い中毒	
メラメラ燃え上がる誘惑	
Lip 苦い毒でも	
I'm Romeo	
あなたを守る騎士道	
ガラス瓶に閉じ込められた	
愛は赤信号	
君はもう全世界の中心	
僕だけの焦点	
一日中いたずらするように	
僕を押して引いて倒れても	
また僕の全身を包んだ	
君の香り追い掛けて	
止まれないから	
僕の心臓 息遣いも	
全部手に入れて	
どうか心を開いて	
僕に対する身ぶり	
またすれ違っても	
震える胸 今にも張り裂けそうだ	
何も言わなくても	
もう全部分かってるんだよ	

25 달콤하다（甘い）の現在連体形

26 타오르다（燃え上がる）の現在連体形

27 쓰다（苦い）の現在連体形

28 그대（あなた）＋〜를（〜を）の縮約形

29 지키다（守る）の現在連体形

30 갇히다（閉じ込められる）の過去連体形

31 빨갛다（赤い／ㅎ変則）の現在連体形

32 本来の発音は [시노] となるが、メロディーに合わせて文字通りに発音している

33 그대（君）＋〜는（〜は）の縮約形

34 장난치다（いたずらする）＋-듯（〜するように）。-듯は-듯이の縮約形

35 밀다（押す）＋-고（〜して）

36 당기다（引く）＋-고（〜して）

37 무너지다（倒れる）＋-어도（〜しても）

38 나（僕）＋〜의（〜の）の縮約形

39 감싸다（包む）の過去連体形

40 쫓다（追い掛ける）＋-아（〜して）

41 멈추다（止まる）＋-ㄹ 수 없다（〜できない）＋-으니（〜だから）

42 모두（全て）、다（全部）と、似た表現を繰り返すことで強調している

43 가지다（手に入れる）のヘヨ体

44 맘（心）＋〜을（〜を）。맘は마음の縮約形

45 열다（開く）のヘヨ体

46 대하다（対する）の現在連体形

47 스쳐 지나다（通り過ぎる）＋-아도（〜しても）

48 떨리다（震える）の現在連体形

49 터지다（張り裂ける）＋-겠다（〜しそうだ）のパンマル形

50 안하다（言わない）＋-어도（〜しても）。아무 말도（何の言葉も）と共に用いられて「何も言わなくても」の意味

51 알다（分かる）＋-고 있다（〜している）＋-는걸（〜なんだよ）

#09 줄리엣／SHINee

　　クデ　　トゥ　ヌニ　　カンジョリ　　　ナルル　　ウォナンダ　ヘッチャナヨ
그대 두 눈이 간절히 ₅₂ 나를 원한다 했잖아요 ₅₃
　　　　　　［누니］　［간저리］　　　　　［워난다］　［핸짜나요］

　　イジェン　　ボソナル　ス　オプソ　　　ノル　チョンヌン　スプクァンジョチャ
이젠 ₅₄ 벗어날 수 없어 ₅₅ 널 쫓는 ₅₆ 습관조차
　　　　　　［버서날 쑤］　［업써］　　　　［쫀는］　［습관조차］

　　チャムル　ス　オムヌン　　チュンドクチョロムポジンゴル
참을 수 없는 ₅₇ 중독처럼 퍼진걸 ₅₈
［차믈 쑤］　［엄는］

YEAH BABY, Juliette!

★をリピート×2

　　　　ネ　　サランウン　チョンニョレ テヤン　オジク　　クデマン　　クデマン
(내 사랑은 정열의 태양 오직 그대만 그대만
　　　　　　　　　　　　　［정녀레］

　　タシ　テオナド　　　　ハン　サラム　ネ　マムン　チャルラナゲ　　　　ビンナ
다시 태어나도 ₅₉ 한 사람 내 맘은 찬란하게 ₆₀ 빛나 ₆₁
　　　　　　　　　　　　　　　　　　　［마믄］ ［찰라나게］　　　　［빈나］

　　ネ　マムン　チャルラナゲ　　ビンナ
내 맘은 찬란하게 빛나
　　［마믄］ ［찰라나게］　［빈나］

　　ネ　マムン　チャルラナゲ　　ビンナ
내 맘은 찬란하게 빛나 SHI SHI SHI SHI SHINee)
　　［마믄］ ［찰라나게］　［빈나］

　　　　　　　　　　　　　　　　　　　　サランエ　　　セレナデ
Da Da Da Da Da Da Da ×3 사랑의 세레나데

　　　　　　　　　　　　　　　　　　　　サランエ　　　セレナデ
Da Da Da Da Da Da Da ×3 사랑의 세레나데

君の両目が切実に
僕を求めてると
言ったじゃないですか

もう抜け出せない
君を追い掛ける習慣すら

我慢できない中毒のように
広がったんだよ

YEAH BABY, Juliette!

(僕の愛は情熱の太陽
ただ君だけ 君だけ

生まれ変わっても一人
僕の心はさんさんと輝く

僕の心はさんさんと輝く

僕の心はさんさんと輝く
SHI SHI SHI SHI SHINee)

Da Da Da Da Da Da Da × 3
愛のセレナーデ

Da Da Da Da Da Da Da × 3
愛のセレナーデ

52 간절하다(切実だ)の副詞形
53 원하다(求める)＋-ㄴ다 하다(〜と言う)＋-었잖아요(〜したじゃないですか)。-ㄴ다 하다は-ㄴ다고 하다の縮約形
54 이제는(もう)の縮約形
55 벗어나다(抜け出す)＋-ㄹ 수 없다(〜できない)のパンマル形
56 쫓다(追い掛ける)の現在連体形
57 참다(我慢する)＋-을 수 없다(〜できない)の現在連体形
58 퍼지다(広がる)＋-ㄴ걸(〜したんだよ)
59 다시 태어나다(生まれ変わる)＋-아도(〜しても)
60 찬란하다(さんさんとしている)の副詞形
61 빛나다(輝く)のパンマル形

#09 줄리엣／SHINee

文法と練習

1. 推測を表す －ㄹ/－을 듯하다（～するようだ、～なようだ）

　－ㄹ/－을 듯하다は、用言の語幹に付いて、推測を表す表現です。ここでは、**쏟아질 듯한**（降り注ぐような）が登場します。その他にも、この曲は 듯を使った表現がよく登場します。一つ目は－ㄹ/－을 듯を使った、**터질 듯**（張り裂けるように）。これも、動詞や存在詞の語幹に付いて、「～するように」と推測を表す表現です。もう一つは－듯（～するかのように）で、**장난치듯**（いたずらするかのように）が登場します。一見、－ㄹ/－을 듯と同じように見えますが、－듯は動詞や存在詞の語幹に付いて、後の内容がまるで前の内容と同じであるかのように例える表現で、推測ではありません。

形態） パッチムなし語幹 、 ㄹ語幹 ＋ －ㄹ 듯하다　例：갈 듯하다、놀 듯하다（ㄹ脱落）
　　　 パッチムあり語幹 ＋ －을 듯하다　例：먹을 듯하다

例文） **눈이 내릴 듯한 하늘.**　雪が降りそうな空。
　　　 생각보다 어려울 듯해요.　思ったより難しそうです。
　　　 미칠 듯 연습했다.　狂いそうに（死に物狂いで）練習した。

練習問題　下線部に、正しい韓国語を書きましょう。

① 그는 일요일에 ＿＿＿＿＿＿＿＿＿＿．　彼は日曜に行くようです。

② ＿＿＿＿＿＿ 걸어간다.　踊るように歩いていく。

③ 그 일은 ＿＿＿＿＿＿＿＿＿＿．　その仕事はつらそうです。

ヒント）① 가다　② 춤추다　③ 힘들다（ㄹ語幹）

2. 義務を表す －아야/－어야 하다（～しなければならない）

　－아야/－어야 하다は、用言の語幹に付いて、義務的にやらなくてはならないことや、必ずその状態でなくてはならないことを表す表現です。ここでは、**배워야 해**（習わなくてはいけない）が登場します。

形態） 陽母音語幹 ＋ －아야 하다　例：가야 하다
　　　 陰母音語幹 ＋ －어야 하다　例：먹어야 하다、있어야 하다

例文） 내일은 학교에 가야 해요.　明日は学校に行かなくてはなりません。
　　　얼굴도 마음도 아름다워야 한다.　顔も心も美しくなくてはならない。
　　　집에 7 시까지 가야 하는데.　家に7時までに行かなきゃいけないんだけど.

練習問題　下線部に、正しい韓国語を書きましょう。

① 조카하고 ＿＿＿＿＿＿＿＿＿＿ .　めいと遊ばなくてはなりません。

② 다음 주까지 ＿＿＿＿＿＿＿＿＿＿ .　来週までに終わらせなくちゃ。

③ 내일은 일찍 ＿＿＿＿＿＿＿＿＿＿＿＿ .　明日は早く起きなくてはなりません。

ヒント）① 놀다　② 끝내다　③ 일어나다

3. 意志や約束を表す －ㄹ게요 / －을게요（〜します）

　－ㄹ게요 / －을게요は、動詞や存在詞있다の語幹に付いて、話し手の意志や約束を表す語尾です。友達などの親しい間柄や、目下の人に対して使うときは、－ㄹ게요 / －을게요の요を取って、－ㄹ게（〜するよ）の形になります。ここでは、바칠게요（さ さげます）と言って、彼女への愛を誓っているわけです。

形態）　パッチムなし語幹 、 ㄹ語幹 ＋ －ㄹ게요　例：갈게요、놀게요（ㄹ脱落）
　　　　パッチムあり語幹 ＋ －을게요　例：먹을게요

例文） 5 시까지 갈게요.　5時までに行きますよ。
　　　오늘은 밥 같이 먹을게.　今日はごはん一緒に食べるよ。
　　　명동역 1번 출구에 있을게.　明洞駅1番出口にいるよ。

練習問題　下線部に、正しい韓国語を書きましょう。

① 나중에 ＿＿＿＿＿＿＿＿ .　後で行きますよ。

② 그 일은 제가 ＿＿＿＿＿＿＿＿＿＿ .　その仕事は私が進行しますよ。

③ 내가 먼저 ＿＿＿＿＿＿＿＿＿ .　私が先に言うよ。

ヒント）① 가다　② 진행하다　③ 말하다

#10 하루하루 / BigBang
一日一日

떠나가[1]

ye finally i realize that i'm nuttin' without you
i was so wrong forgive me ah ah ah ah

파도처럼 부서진[2] 내[3] 맘[4] 바람처럼 흔들리는[5] 내 맘

연기처럼 사라진[6] 내 사랑 문신처럼 지워지지가 않아[7]
[아나]

한숨만 땅이 꺼지라 쉬죠[8]
[쉬조]

내 가슴 속엔[9] 먼지만 쌓이죠[10] (say goodbye)
[가슴 쏘겐]   [싸이조]

네가[11] 없인[12] 단 하루도 못 살 것만 같았던[13] 나
[업씬] [다 나루도] [몯 쌀 껀만] [가탇떤]

생각과는 다르게[14] 그럭저럭 혼자 잘 살아[15]
[생각꽈는]   [그럭쩌러 콘자]   [사라]

보고 싶다고[16] 불러 봐도[17] 넌[18] 아무 대답 없잖아[19]
    [십따고]   [너 나무]   [대다 법짜나]

헛된[20] 기대 걸어 봐도[21] 이젠[22] 소용없잖아[23]
[헏뙨]   [거러]   [소용업짜나]

〈 PROFILE 〉
5人組のグループで、楽曲制作からダンスの振り付け、ライブプロデュースなどを自ら行っている。「하루하루」はメンバーの G-DRAGON が作詞・作曲に参加した曲で、ミュージックビデオはメンバーが登場するストーリー仕立てになっており必見。

去って

ye finally i realize that
i'm nuttin' without you
i was so wrong forgive me
ah ah ah ah
波のように砕けた俺の心
風のように揺れる俺の心

煙のように消えた俺の愛
入れ墨のように消えやしない

大きなため息だけつきます

俺の胸の中には
ほこりだけ 積もります
(say goodbye)

君なしには ただの一日も
生きることさえ
できそうもなかった俺

思いとは違うけど
どうにか一人(で)よく生きている

会いたいと呼んでみても
君は何の返事(も)ないじゃないか

むなしい期待(を)かけてみても
もう意味ないじゃないか

1 떠나가다(去る)のパンマル形
2 부서지다(砕ける)の過去連体形
3 나(僕)+〜의(〜の)の縮約形
4 마음(心)の縮約形
5 흔들리다(揺れる)の現在連体形
6 사라지다(消える)の過去連体形
7 지워지다(消える)+-지 않다(〜しない)のパンマル形。その間に〜가(〜が)を入れて強調した形で、ここでは〜가は訳されない
8 꺼지다(割れる)+-라(〜しろと)+쉬다(〈ため息を〉つく)+-죠(〜しますよ)。ここでは「地面が割れる程大きな〈ため息を〉つく」の意味
9 속(中)+〜에(〜に)+〜는(〜は)の縮約形
10 쌓이다(積もる)+-죠(〜しますよ)
11 〜가(〜が)が付くと너(君)が네となるが、口語ではほぼ니と発音される。ここでは〜가は訳されず、13の「なしには」を強調する意味
12 없이(〜なしに)+〜는(〜は)の縮約形
13 못 살다(生きられない)+-ㄹ 것 같다(〜すると思う)の過去連体形。その間に、〜만(〜さえ)を入れて強調した形
14 다르다(違う)の副詞形+〜도(〜も)。ここでは「違うけど」の意味
15 살다(生きる)のパンマル形
16 보다(会う)+-고 싶다(〜したい)+-다고(〜といって)
17 부르다(呼ぶ／르変則)+-어 보다(〜してみる)+-아도(〜しても)
18 너(君)+〜는(〜は)の縮約形
19 없다(ない)+-잖아(〜じゃないか)
20 헛되다(むなしい)の現在連体形
21 걸다(かける)+-어 보다(〜してみる)+-아도(〜しても)
22 이제는(もう)の縮約形
23 소용없다(意味ない)+-잖아(〜じゃないか)

#10 하루하루 / BigBang

네 옆에 있는 그 사람이 뭔지 혹시 널 울리진 않는지
[니] [여페] [인는] [사라미] [혹씨] [울리지 난는지]

그대 내가 보이긴 하는지 벌써 싹 다 잊었는지
[보이기 나는지] [싹 따] [이전는지]

걱정돼 다가가기조차 말을 걸 수조차 없어 애태우고
[걱쩡돼] [마를] [걸 쑤조차] [업써]

나 홀로 밤을 지새우죠 수백번 지워내죠
[바물] [지새우조] [수백뻔] [지워내조]

★ 돌아보지 말고 떠나가라 또 나를 찾지 말고 살아가라
[도라보지] [찬찌] [사라가라]

너를 사랑했기에 후회 없기에 좋았던 기억만 가져가라
[사랑핻끼에] [후외 업끼에] [조앋떤] [기엉만] [가저가라]

그럭저럭 참아볼 만해 그럭저럭 견뎌낼 만해
[그럭쩌럭] [차마볼] [마내] [그럭쩌럭] [마내]

넌 그럴수록 행복해야 돼 하루하루 무뎌져 가네
[그럴쑤록] [행보캐야] [무뎌저 가네]

oh girl cry cry yo my all (say goodbye)

君の隣にいるその人が何なのか
もしかして君を泣かせはしないのか

君(よ)俺が見えはするのか
もうさっぱり全部忘れたのか

心配で近づくことさえ
言葉を掛けることさえできず
気をもんで

俺一人 夜を明かしますよ
数百回消し去りますよ

振り返らずに去れ
そして俺を探さずに生きていけ

君を愛していたから 後悔ないから
良かった記憶だけ持っていけ

どうにか我慢できる
どうにか耐えられる

君はそうである程
幸せでなければならないよ
一日一日鈍くなっていくな

oh girl cry cry yo my all
(say good bye)

24 있다(いる)の現在連体形

25 뭐(何)＋～인지(〜なのか)の縮約形。뭐は무엇の口語形

26 너(君)＋를(を)の縮約形

27 울리다(泣かせる)＋-지 않다(〜しない)＋-는지(〜のか)。この間に、〜는(〜は)が入り、縮約した形

28 ～가(〜が)が付くと나(俺)が내となる。

29 보이다(見える)＋-긴 하다(〜しはする)＋-는지(〜なのか)。-긴 하다は-기는 하다の縮約形

30 잊다(忘れる)＋-었는지(〜したのか)

31 걱정되다(心配になる)＋-어(〜して)

32 다가가다(近づく)＋-기(〜すること)＋～조차(〜さえ)

33 걸다(かける／ㄹ語幹)＋-ㄹ 수 없다(〜できない)＋-어(〜して)。この間に～조차(〜さえ)を入れて強調した形

34 애태우다(気をもむ)＋-고(〜して)

35 지새우다(明かす)＋-죠(〜しますよ)

36 지워내다(消し去る)＋-죠(〜しますよ)

37 돌아보다(振り返る)＋-지 말다(〜しない)＋-고(〜して)

38 떠나가다(去る)＋-아라(〜しろ)

39 찾다(探す)＋-지 말다(〜しない)＋-고(〜して)

40 살아가다(生きていく)＋-아라(〜しろ)

41 사랑하다(愛する)＋-었기에(〜したから)

42 없다(ない)＋-기에(〜だから)

43 좋다(いい)の過去連体形

44 가져가다(持っていく)＋-아라(〜しろ)

45 참아보다(我慢する)＋-ㄹ 만하다(どうにか〜できる)のパンマル形

46 견뎌내다(耐える)＋-ㄹ 만하다(どうにか〜できる)のパンマル形

47 그렇다(そのようだ／ㅎ変則)＋-ㄹ수록(〜なほど)

48 행복하다(幸せだ)＋-어야 되다(〜でなければならない)のパンマル形

49 무뎌지다(鈍くなる)＋-어 가다(〜していく)＋-네(〜するなあ)

#10 하루하루 / BigBang

길을 걷다 너와 나 우리 마주친다 해도
[기를] [걷따]

못 본 척하고서 그대로 가던 길 가 줘
[몯 뽄] [처카고서]

자꾸만 옛 생각이 떠오르면 아마도
[옏 쌩가기] [떠오르며 나마도]

나도 몰래 그댈 찾아 갈지도 몰라
[차자] [갈찌도]

넌 늘 그 사람과 행복하게
[행보카게]

넌 늘 내가 다른 맘 안 먹게
[마 만] [먹께]

넌 늘 작은 미련도 안 남게끔
[자근] [남께끔]

잘 지내 줘 나 보란 듯이
[드시]

넌 늘 저 하늘 같이 하얗게 뜬
[가치] [하야케]

구름과도 같이 새파랗게
[가치] [새파라케]

넌 늘 그렇게 웃어 줘 아무 일 없듯이
[그러케] [우서] [이 럽뜨시]

★をリピート

道を歩いている途中で
君と俺二人 目が合うとしても

気付かなかったふりして
そのまま行っていた
道(を)行ってくれ

しきりに昔の思いが
思い浮かんだら たぶん

俺も知らずのうちに君に
会いにいくかもしれない

君はいつも その人と幸せに

君はいつも
俺が違う決心(を)しないように

君はいつも
小さい未練も残らないように

元気で過ごしてくれ
俺(に)見せつけるように

君はいつもあの空のように
白く浮かんだ

雲とも一緒で真っ青に

君はいつもそのように笑ってくれ
何事もないかのように

50 걷다(歩く)＋-다(〜している途中で)。-다は-다가の省略形

51 마주치다(目が合う)＋-ㄴ다 해도(〜したとしても)。-ㄴ다 해도は-ㄴ다고 해도の省略形

52 못 보다(見えない)の過去連体形。ここでは「気付かない」の意味

53 척하다(ふりする)＋-고서(〜してから)

54 가다(行く)＋-던(〜していた)

55 가다(行く)＋-아 주다(〜してくれる)のパンマル形

56 떠오르다(思い浮かぶ)＋-면(〜すれば)

57 그대(君)＋〜를(〜を)の縮約形。그대は恋人の間柄で用いられる言葉

58 찾아 가다(会いにいく)＋-ㄹ지도 모르다(〜するかもしれない／르変則)のパンマル形

59 행복하다(幸せだ)の副詞形

60 다르다(違う)の現在連体形

61 마음 안 먹다(決心しない)の副詞形

62 작다(小さい)の現在連体形

63 안 남다(残らない)＋-게끔(〜するように)。-게끔は副詞形を作る-게の強調形

64 지내다(過ごす)＋-아 주다(〜してくれる)のパンマル形

65 보다(見る)＋-란 듯이(〜しろというように)。-란 듯이は-라고 하는 듯이の縮約形。「見せつけるように、これ見よがしに」という意味の慣用表現

66 하얗다(白い)の副詞形

67 뜨다(浮かぶ)の過去連体形

68 새파랗다(真っ青だ)の副詞形

69 그렇다(そのようだ)の副詞形

70 웃다(笑う)＋-어 주다(〜してくれる)のパンマル形

71 아무 일 없다(何事もない)＋-듯이(〜するように)

#10 하루하루／BigBang

나를 떠나서 72 맘 편해지길 73 (나를 잊고서 74 살아가 줘 75)
[펴내지길]　　　　　　　　　[잊꼬서]　[사라가 줘]

그 눈물은 다 마를 테니 76 ye (하루하루 지나면 77)
[눈무른]

차라리 만나지 않았더라면 78 덜 아플 텐데 79 um
　　　　　[아낟떠라면]　[더 라플 텐데]

영원히 함께하자던 80 그 약속 이젠
[영워니]　　　　　　　　　[약쏘 기젠]

추억에 묻어 두길 바래 81 baby 널 위해 82 기도해 83
[추어게] [무더 두길]

★をリピート

oh girl i cry cry yo my all say good bye bye
oh my love don't lie lie yo my heart (say good bye)

一日一日 / BigBang

俺を去って気持ちが
楽になりますように
（俺を忘れてから生きてくれ）

その涙は全て乾くはずだから ye
（一日一日過ぎれば）

いっそ出会わなかったならば
それほどつらくないはずなのに
um

永遠に一緒にいようと言っていた
その約束もう

思い出に埋めておくよう願うよ
baby 君のために祈るよ

oh girl i cry cry
yo my all say good bye bye
oh my love don't lie lie
yo my heart (say good bye)

72 떠나다（去る）＋ －아서（～して）

73 편해지다（楽になる）＋ －길（～ますように）。－길은 －기를 바라다の바라다が省略され、－기が縮約した形

74 잊다（忘れる）＋ －고서（～してから）

75 살아가다（生きていく）＋ －아 주다（～してくれる）のパンマル形

76 마르다（乾く）＋ －ㄹ 테니（～するはずだから）

77 지나다（過ぎる）＋ －면（～すれば）

78 만나다（出会う）＋ －지 않다（～しない）＋ －았더라면（～だったなら）

79 덜（〈形容詞の前に付いて〉それほど～ない）＋ 아프다（つらい）＋ －ㄹ 텐데（～なはずなのに）

80 함께하다（一緒にいる）＋ －자던（～しようと言っていた）。－자던은 －자고 하던の省略形

81 묻다（埋める）＋ －어 두다（～しておく）＋ －기를 바라다（～するよう願う）のパンマル形

82 너（君）＋ ～를 위해（～のために）の縮約形

83 기도하다（祈る）のパンマル形

#10 하루하루／BigBang

文法と練習

1. 命令を表す －아라／－어라（〜しろ）

　－아라／－어라は動詞や存在詞있다の語幹に付いて、命令の意味を表す語尾です。パンマルの命令形 －아／－어（例：가、먹어）に比べると、よりぞんざいなので、友人や目下の人だけに対して使われます。ここでは、サビに**떠나가라**（去れ）、**살아가라**（生きていけ）、**가져가라**（持っていけ）と、三つの命令形が登場しますが、命令形によって別れた恋人に対する、男らしさや強がりを表しているというわけです。

形態） 陽母音語幹 ＋－아라　例：가라
　　　 陰母音語幹 ＋－어라　例：먹어라、있어라

例文） 숨기지 말고 다 말해라.　隠さないで全部話せ。
　　　 잘 있어라.　元気でいろよ。
　　　 집에 빨리 들어가라.　家に早く帰れよ。

練習問題　下線部に、正しい韓国語を書きましょう。

① 천천히 _____.　ゆっくり食べろ。

② 빨리 _____.　早く電話しろ。

③ 당장 _____.　今すぐ直せ。

ヒント）① 먹다　② 전화하다　③ 고치다

2. 推測を表す －ㄹ지도／－을지도 모르다（〜するかもしれない）

　－ㄹ지도／－을지도 모르다は用言の語幹に付いて、推測を表す表現です。ここでは、**찾아 갈지도 몰라**（会いにいくかもしれない）で、別れた恋人に対する未練を歌っているわけです。

形態） パッチムなし語幹、ㄹ語幹 ＋－ㄹ지도 모르다　例：갈지도 모르다、놀지도 모르다（ㄹ脱落）
　　　 パッチムあり語幹 ＋－을지도 모르다　例：먹을지도 모르다

例文） 내일은 회사를 쉴지도 몰라요.　明日は会社を休むかもしれません。
　　　남자친구랑 헤어질지도 모른다.　彼氏と別れるかもしれない。
　　　사전에 없는 단어일지도 몰라.　辞書にない単語かもしれない。

練習問題　下線部に、正しい韓国語を書きましょう。

① 버스 요금이 _____ .　バスの料金が上がるかもしれません。

② 오늘 _____ .　今日遅れるかもしれません。

③ 전철이 _____ .　電車が早いかもしれません。

ヒント）① 오르다　② 늦다　③ 빠르다

3. 価値や程度を表す －ㄹ / －을 만하다 （どうにか～できる）

　－ㄹ / －을 만하다は動詞や存在詞の語幹に付いて、その行為をするのに値することを表す表現です。ここでは、참아볼 만해、견뎌낼 만해の二つが登場しますが**그럭저럭**（どうにか）を一緒に使い「どうにか我慢できる、耐えられる」と、彼女と別れて痩せ我慢をしている様子がうかがえますね。これ以外にも「～するだけの価値がある」という意味でもよく使われますので併せて覚えておくと便利ですね。

形態）　パッチムなし語幹、ㄹ語幹　＋ －ㄹ만 하다　例：갈 만하다、놀만 하다（ㄹ脱落）
　　　　パッチムあり語幹　＋ －을만 하다　例：먹을만 하다

例文）　괜찮아. 먹을 만해.　大丈夫。なんとか食べられる。
　　　　인기 있을만 하네.　人気あるだけのことはあるね。
　　　　춤 배울 만한 학원 있어요?　ダンス習うだけのことはある学院ありますか？

練習問題　下線部に、正しい韓国語を書きましょう。

① _____ 드라마가 있어요?　見るだけのことはあるドラマがありますか？

② 성적을 _____ .　成績を自慢するだけのことはあるね。

③ 아직 _____ .　まだ、なんとか使えます。

ヒント）① 보다　② 자랑하다　③ 쓰다

☑ 練習問題の解答

P.16
1 ①이상하네 ②먹네 ③많네   2 ①도전해 봐 ②와 보세요 ③배워 본
3 ①버리지 마 ②놀리지 마 ③찍지 마세요 ④놀지 말고

P.20
1 ①결혼한다고 ②산다고 ③유학한다고   2 ①먹었으니 ②아프니
3 ①없지만 ②예쁘지만

P.28
1 ①열어 줄래요 ②빌려 줄래   2 ①늦을 것 같아요 ②잘 것 같아요 ③못 갈 것 같아
3 ①출발해 버렸어요 ②먹어 버려 ③써 버렸어요 ④잘라 버렸어요

P.36
1 ①있죠 ②알죠   2 ①좋은가 봐요 ②바쁜가 봐요   3 ①예쁜걸 ②없는걸요

P.44
1 ①먹어도 ②만나도 ③없어도
2 ①연락할 거예요(연락할 것이에요) ②끝날 거야(끝날 것이야) ③잘할 거야(잘할 것이야)
3 ①가자 ②찾자 ③연락하자 ④이야기하자

P.52
1 ①늦겠어 ②죽겠어요   2 ①도착했을까 ②먹을까 ③끝날까
3 ①바쁜지 ②충분한지 ③잘 먹는지 ④무엇인지(뭣인지)

P.58
1 ①믿고 싶어요 ②부르고 싶어요   2 ①바쁠 텐데 ②피곤할 텐데요 ③갈 텐데 ④멋있을 텐데
3 ①했잖아 ②안 오잖아 ③비싸잖아 ④사랑했잖아요

P.66
1 ①올 줄 몰랐어요 ②버릴 줄 몰랐어요 ③될 줄 몰랐어   2 ①하나요 ②밥이요
3 ①바쁜데 ②사랑하는데

P.74
1 ①갈 듯해요 ②춤추듯 ③힘들 듯해요   2 ①놀아야 해요 ②끝내야 해 ③일어나야 해요
3 ①갈게요 ②진행할게요 ③말할게

P.84
1 ①먹어라 ②전화해라 ③고쳐라   2 ①오를지도 몰라요 ②늦을지도 몰라요 ③빠를지도 몰라요
3 ①볼 만한 ②자랑할 만하네 ③쓸 만해요

巻末付録

韓国語の基礎 …………………………………… 88
辞書の引き方 …………………………………… 112
語尾・表現集 …………………………………… 122
ハングルのタイピング法 ……………………… 130

韓国語の基礎1　ハングルの読み方

韓国語の文字であるハングルと発音の関係、母音・子音・パッチムの基本的な発音ルールをまとめました。

ハングルの仕組み

ハングルはアルファベットのように文字そのものが音を表す表音文字で、母音字と子音字を最低一つずつ組み合わせて文字を成します。従って、それぞれが表す音を覚えれば、基本的にハングルを読み、発音することができるようになります。1文字が1音節を表します。

書き方の例

- 横棒の長い母音は下に、子音は上に書きます。
- 縦棒の長い母音は右側に、子音は左側に書きます。

요　◀子音/◀母音　　리　子音▶ ◀母音

- 子音で終わる場合は、文字の一番下に書きます。

한　子音▶ ◀母音 ◀子音　　국　◀子音 ◀母音 ◀子音

월　子音▶ ◀母音 ◀子音　　닭　子音▶ ◀母音 子音▶ ◀子音

最初の子音を初声、次の母音を中声、最後の子音を終声（パッチム）と言うことがあります。次のページで、ハングルの母音、子音、パッチム、それぞれの発音を見ていきましょう。

母音の発音

音のない子音字ㅇを子音の位置に入れて表記してあります。애と에、얘と예、왜と외と웨は発音上ほとんど区別しません。

基本母音

아 ▶ [a] …… 日本語の「ア」とほぼ同じ発音。

야 ▶ [ja] …… 日本語の「ヤ」とほぼ同じ発音。

어 ▶ [ɔ] …… 「ア」のときのように、口を大きく開けて「オ」と発音する。

여 ▶ [jɔ] …… 「ヤ」のときのように、口を大きく開けて「ヨ」と発音する。

오 ▶ [o] …… 日本語の「オ」とほぼ同じだが、唇を丸くすぼめて発音する。

요 ▶ [jo] …… 日本語の「ヨ」とほぼ同じだが、唇を丸くすぼめて発音する。

우 ▶ [u] …… 日本語の「ウ」とほぼ同じだが、唇を丸くすぼめて発音する。

유 ▶ [ju] …… 日本語の「ユ」とほぼ同じだが、唇を丸くすぼめて発音する。

으 ▶ [ɯ] …… 「イ」のように、唇を横に引いて「ウ」と発音する。

이 ▶ [i] …… 日本語の「イ」とほぼ同じ発音。

複合母音

애 ▶ [ɛ] …… 日本語の「エ」とほぼ同じ発音。

얘 ▶ [jɛ] …… 日本語の「イェ」とほぼ同じ発音。

에 ▶ [e] …… 日本語の「エ」とほぼ同じ発音。

예 ▶ [je] …… 日本語の「イェ」とほぼ同じ発音。

와 ▶ [wa] …… 日本語の「ワ」とほぼ同じ発音。

왜 ▶ [wɛ] …… 日本語の「ウェ」とほぼ同じ発音。

외 ▶ [we] …… 日本語の「ウェ」とほぼ同じ発音。

워 ▶ [wɔ] …… 日本語の「ウォ」とほぼ同じ発音。

웨 ▶ [we] …… 日本語の「ウェ」とほぼ同じ発音。

위 ▶ [wi] …… 日本語の「ウィ」だが、唇を丸くすぼめて発音する。

의 ▶ [ɯi] …… 日本語の「ウイ」だが、唇をすぼめず、横に引いて「ウイ」と発音する。

子音の発音

平音(へいおん)
ㄱ、ㄷ、ㅂ、ㅈは、語頭以外(2文字目以降)に来ると音が濁ります(→P.92)。

- ㄱ ▶ [k,g] …… 日本語の「カ・ガ行」に似た音。
- ㄴ ▶ [n] ……… 日本語の「ナ行」に似た音。
- ㄷ ▶ [t,d] …… 日本語の「タ・ダ行」に似た音。
- ㄹ ▶ [r,l] …… 日本語の「ラ行」に似た音。
- ㅁ ▶ [m] …… 日本語の「マ行」に似た音。
- ㅂ ▶ [p,b] …… 日本語の「パ・バ行」に似た音。
- ㅅ ▶ [s] ……… 日本語の「サ行」に似た音。
- ㅇ ▶ [無音] … パッチムのとき以外は母音のみが発音される。
- ㅈ ▶ [tʃ,dʒ] … 日本語の「チャ・ジャ行」に似た音。

激音(げきおん)
息を強く出して発音します。

- ㅋ ▶ [kʰ] …… 息を少し強めに出しながら、はっきりと「カ」行を発音する。
- ㅌ ▶ [tʰ] …… 息を少し強めに出しながら、はっきりと「タ」行を発音する。
- ㅍ ▶ [pʰ] …… 息を少し強めに出しながら、はっきりと「パ」行を発音する。
- ㅊ ▶ [tʃʰ] …… 息を少し強めに出しながら、はっきりと「チャ」行を発音する。
- ㅎ ▶ [h] ……… 日本語の「ハ行」に似た音。

濃音(のうおん)
息を詰まらせる感じで発音します。

- ㄲ ▶ [ʔk] …… 「まっか」と言うときの「ッカ」に近い音。
- ㄸ ▶ [ʔt] …… 「いった」と言うときの「ッタ」に近い音。
- ㅃ ▶ [ʔp] …… 「いっぱい」と言うときの「ッパ」に近い音。
- ㅆ ▶ [ʔs] …… 「いっさい」と言うときの「ッサ」に近い音。
- ㅉ ▶ [ʔtʃ] …… 「まっちゃ」と言うときの「ッチャ」に近い音。

パッチム

パッチムとは、**한국**(ハングク=韓国)の**ㄴ**や**ㄱ**、**닭**(タク=ニワトリ)の**ㄺ**のように文字を支えるように付いている子音字のことで、日本語の[ッ]や[ン]に似た音があります。パッチムとなる子音字は、左ページにある子音字のうち**ㄸ**、**ㅃ**、**ㅉ**を除く16種類と、二つの異なる子音字を左右に組み合わせて表記する11種類の計27種類ですが、実際の発音は**ㄱ**、**ㄴ**、**ㄷ**、**ㄹ**、**ㅁ**、**ㅂ**、**ㅇ**の7種類です。

発音区分

ㄱ ▶ [k/ク] ……ㄱ、ㄲ、ㅋ、ㄳ、ㄺ

ㄴ ▶ [n/ン] ……ㄴ、ㄵ、ㄶ

ㄷ ▶ [t/ッ] ……ㄷ、ㅅ、ㅆ、ㅈ、ㅊ、ㅌ、ㅎ

ㄹ ▶ [l/ル] ……ㄹ、ㄼ、ㄽ、ㄾ、ㅀ

ㅁ ▶ [m/ム] ……ㅁ、ㄻ

ㅂ ▶ [p/プ] ……ㅂ、ㅍ、ㄿ、ㅄ

ㅇ ▶ [ŋ/ン] ……ㅇ

発音のしかた

パッチムの発音を**아**[a/ア]との組み合わせで見ていきます。

악 ▶ [ak/アク] ……「あっか」と言うときの「アッ」に近い。口を閉じずに発音する。

안 ▶ [an/アン] ……「あんど」と言うときの「アン」に近い。
　　　　　　　　　舌先を軽く歯の裏に付けて発音する

앋 ▶ [at/アッ] ……「あっと」と言うときの「アッ」に近い。
　　　　　　　　　日本語の[ッ]に近い。

알 ▶ [al/アル] ……「あり」と完全に言い終わる前に止めた音に近い。
　　　　　　　　　舌先を軽く上顎に付けて発音する。

암 ▶ [am/アム] ……「あんまり」と言うときの「アン」に近い。
　　　　　　　　　上下の唇を合わせ、口を閉じて発音する。

압 ▶ [ap/アプ] ……「あっぷ」と言うときの「アッ」に近い。
　　　　　　　　　口を閉じて発音する。

앙 ▶ [aŋ/アン] ……「あんこ」と言うときの「アン」に近い。
　　　　　　　　　口を開けたまま、舌をどこにも付けずに発音する。

韓国語の基礎2　発音変化など

韓国語は文字通りに発音しない場合があります。これらについてまとめました。

有声音化

子音ㄱ、ㄷ、ㅂ、ㅈは、語中（語の2文字目以後）では濁って（有声音で）発音されます。ただし日本語の濁点のような表記はありません。

表記		表記通りのフリガナ		実際の発音
시간 時間	▶	[シカン]	▶	[シガン]
바다 海	▶	[パタ]	▶	[パダ]
기분 気分	▶	[キプン]	▶	[キブン]
어제 昨日	▶	[オチェ]	▶	[オジェ]

濃音化

① ㄱ音、ㄷ音、ㅂ音のパッチムの次に子音ㄱ、ㄷ、ㅂ、ㅅ、ㅈが来るとき、ㄲ、ㄸ、ㅃ、ㅆ、ㅉになります。

表記		実際の発音
식당 食堂	▶	[**식땅** シクタン]
잊다 忘れる	▶	[**읻따** イッタ]
갑자기 急に	▶	[**갑짜기** カプチャギ]

② 動詞・形容詞の語幹がパッチム（ㄹとㅎを除く）で終わり、次に子音ㄱ、ㄷ、ㅂ、ㅅ、ㅈが来るとき、ㄲ、ㄸ、ㅃ、ㅆ、ㅉになります。

表記		実際の発音
신다 履く	▶	[**신따** シンタ]
앉다 座る	▶	[**안따** アンタ]

③漢字語内でㄹパッチムの次に子音ㄷ、ㅅ、ㅈが来るとき、ㄸ、ㅆ、ㅉになります。

表記		実際の発音
일주일 1週間	▶	[**일쭈일** イルチュイル]
열심히 熱心に	▶	[**열씨미** ヨルシミ]

複合母音の発音

①母音**예**[イェ]は**ㅇ**以外の子音が付くと**에**[エ]と発音されます。

表記		実際の発音
시계 時計	▶	[**시게** シゲ]
계시다 いらっしゃる	▶	[**게시다** ケシダ]

②母音**ㅢ**[ウイ]は子音が付いたときおよび語中では**ㅣ**[イ]と、所有を表す助詞「〜の」のときは**ㅔ**[エ]と発音されます。

表記		表記通りのフリガナ		実際の発音
희다 白い	▶	[フイタ]	▶	[**히다** ヒダ]
강의 講義	▶	[カンウイ]	▶	[**강이** カンイ]
아이의 子どもの	▶	[アイウイ]	▶	[**아이에** アイエ]

連音化

パッチムの次に母音が来るとき、パッチムが後ろの音節に移動して発音されます。

表記		表記通りのフリガナ		実際の発音
음악 音楽	▶	[ウムアㄱ]	▶	[**으막** ウマㄱ]
한국어 韓国語	▶	[ハングㄱオ]	▶	[**한구거** ハングゴ]

激音化

① ㄱ音、ㄷ音、ㅂ音のパッチムの次に子音ㅎが来るとき、ㅋ、ㅌ、ㅍになります。

表記	表記通りのフリガナ	実際の発音
축하하다 祝う	[チュクハハタ]	[추카하다 チュカハダ]
비슷하다 似ている	[ピスッハタ]	[비스타다 ピスタダ]
입학하다 入学する	[イプハクハタ]	[이파카다 イパカダ]

② ㅎパッチムの次に子音ㄱ、ㄷ、ㅈが来るときㅋ、ㅌ、ㅊになります。

表記	表記通りのフリガナ	実際の発音
어떻게 どのように	[オットッケ]	[어떠케 オットケ]
좋다 良い	[チョッタ]	[조타 チョタ]
많지 않다 多くない	[マンチ アンタ]	[만치 안타 マンチ アンタ]

鼻音化

① ㄱ音、ㄷ音、ㅂ音のパッチムの次に子音ㅁ、ㄴが来るとき、パッチムが鼻音になります。ㄱ音はㅇ、ㄷ音はㄴ、ㅂ音はㅁになります。

表記	表記通りのフリガナ	実際の発音
작년 昨年	[チャクニョン]	[장년 チャンニョン]
끝나다 終わる	[クッナタ]	[끈나다 クンナダ]
합니다 します	[ハプニタ]	[함니다 ハムニダ]

② ㄱ音、ㄷ音、ㅁ音、ㅂ音、ㅇ音のパッチムの次に子音ㄹが来るとき、パッチムが鼻音になるとともに子音ㄹはㄴになります。

表記	表記通りのフリガナ	実際の発音
독립 独立	[トクリプ]	[동닙 トンニプ]
능력 能力	[ヌンリョク]	[능녁 ヌンニョク]

流音化

① ㄹパッチムの次に子音ㄴが来るとき、子音ㄴはㄹになります。

表記	表記通りのフリガナ	実際の発音
일년 1年	▶ [イルニョン]	▶ [**일련** イルリョン]
실내 室内	▶ [シルネ]	▶ [**실래** シルレ]

② ㄴパッチムの次に子音ㄹが来るとき、ㄴパッチムはㄹになります。

表記	表記通りのフリガナ	実際の発音
연락 連絡	▶ [ヨンラク]	▶ [**열락** ヨルラク]
신라 新羅	▶ [シンラ]	▶ [**실라** シルラ]

口蓋音化

ㄷパッチム、ㅌパッチムの次に 이、여、히、혀 が来るとき、それぞれ ㅈ、ㅊ になります。

表記	表記通りのフリガナ	実際の発音
같이 一緒に	▶ [カッイ]	▶ [**가치** カチ]

ㅎの弱音化

① ㅎパッチムの次に母音が来るとき、ㅎパッチムは発音されません。

表記	表記通りのフリガナ	実際の発音
좋아하다 好きだ	▶ [チョッアハタ]	▶ [**조아하다** チョアハダ]

② ㄴ音、ㄹ音、ㅁ音、ㅇ音のパッチムの次に子音ㅎが来るとき、ㅎはほとんど発音されないため、母音と同じように連音化します。

表記	表記通りのフリガナ	実際の発音
전화 電話	▶ [チョンファ]	▶ [**저놔** チョヌァ]

ㄴ挿入

① 名詞と名詞が合わさって一つの単語になった合成語や、複数の名詞からなる複合語で、前の語がパッチムで終わり、次の語が母音 ㅣおよび合成母音ㅑ、ㅕ、ㅐ、ㅖ、ㅛ、ㅠで始まるとき、子音にㄴが挿入されます。

| 表記 | 表記通りのフリガナ | 実際の発音 |

일본 요리 日本料理 ▶ [イルボン ヨリ] ▶ [**일본 뇨리** イルボン ニョリ]

② 前の語のパッチムがㄹのときは、①に加えて挿入されたㄴが流音化してㄹになります。

| 表記 | 表記通りのフリガナ | 実際の発音 |

서울역 ソウル駅 ▶ [ソウルヨク] ▶ [**서울력** ソウルリョク]

韓国語の基礎3 — 助詞

韓国語の助詞の学習は、同じく助詞がある日本語の母語話者にとってはさほど難しいものではありません。ここでは、幾つか注意が必要な点についても見ておきましょう。

助詞の位置と形

まず、助詞は日本語同様、一般的に体言の後ろに付きます。

에게 〜に　▶ **형에게** 兄に　▶ **언니에게** 姉に

しかし、助詞の中には、接続する体言の最後にパッチムがあるかないかで形が変わるものがあります。

助詞	パッチムあり	パッチムなし
은/는 〜は	▶ **형은** 兄は	▶ **언니는** 姉は

また、通常使う助詞とは別に、尊敬を表すときに使う助詞があります。下の例の**께서**（〜が）は**이／가**（〜が）の尊敬語です。

가 〜が　▶ **아빠가** パパが

께서 〜が　▶ **아버님께서** お父さまが

他にも、日本語と異なる使い方をする助詞があります。下の例では日本語の感覚で**에**（〜に）を使いたいところですが、**를**（〜を）を使うところに注意してください。

○ **친구를 만나요.**　✕ **친구에 만나요.**　　友達に会います。

また、名詞と名詞をつなぐ**의**（〜の）は、所有や所属など明確な関係を表す場合、省略することができます。ただし、電話番号の「-」や複雑な関係性を持つと見なされた場合は省略されません。また、「私」「僕」の所有を表すときのみ、**제**（私の）、**내**（僕の）という形を使います。

○ **케이크 가게**　✕ **케이크의 가게**　　ケーキの店

○ **청춘의 꿈**　✕ **청춘 꿈**　　青春の夢

基本的な助詞一覧

助詞	パッチムあり	パッチムなし
〜は	은	는
〜が	이	가
〜が(尊敬語)	께서	
〜を／〜に	을	를
〜に(人・動物)	에게／한테[※1]	
〜に(尊敬語)	께	
〜の	의	
〜と	과 / 하고[※2]	와 / 하고[※2]
〜に(場所・時間)	에	
〜に(場所)／〜で(手段)	으로	로
〜で／〜から(場所)	에서	
〜から(時間)	부터	
〜まで(時間・程度)	까지	

※1 **한테**は、話し言葉で主に用いられるのに対して、**에게**は話し言葉でも書き言葉でも用いられる。

※2 **하고**は、日常的な会話で主に用いられるのに対して、**과/와**は文章や演説、討論などの席でしばしば用いられる。

韓国語の基礎4 用言とその活用

韓国語の用言には動詞、形容詞など、四つの種類があり、これらは語幹にさまざまな語尾を付けて活用します。まずは韓国語の用言の種類と、活用をする上で重要な語幹について見てみましょう。

4つの用言

韓国語の用言は動詞・形容詞・存在詞・指定詞の四つに分けられます。動詞は日本語の動詞に当たるものとほぼ同じで、形容詞は日本語の形容詞・形容動詞に当たるものだと考えて問題ありません。指定詞は**이다**(〜である)、**아니다**(〜でない)の2語で、存在詞は**있다**(ある、いる)、**없다**(ない、いない)の2語です。

1.動詞
主に物事の動作や作用、状態を表す。

가다 行く　　**입다** 着る

2.形容詞
主に物事の性質や状態、心情を表す。

싸다 安い　　**적다** 少ない

3.指定詞
名詞などの後ろに用いて「〜だ、〜である」「〜でない」を表す。

이다 〜だ、である　　**아니다** 〜でない

4.存在詞
存在の有無に関することを表す。

있다 ある、いる　　**없다** ない、いない

語幹とは何か

韓国語の用言は、語幹と語尾に分けることができます。語幹とは、用言の基本形(辞書に載っている形)から最後の**다**を取った形です。韓国語では、この語幹にさまざまな語尾を付けて意味を表します。

基本形	語幹		語尾		
가다 行く	**가**	+	**아요**	▶	**가요** 行きます
입다 着る	**입**	+	**어요**	▶	**입어요** 着ます

陽語幹・陰語幹

語幹には、陽語幹と陰語幹があります。語幹の最後の母音が陽母音(ㅏ、ㅑ、ㅗ)であるものを陽語幹、陰母音(ㅏ、ㅑ、ㅗ以外)であるものを陰語幹といいます。

陽語幹

가 (다)　　높 (다)

ㅏは陽母音　　ㅗは陽母音

陰語幹

주 (다)　　입 (다)

ㅜは陰母音　　ㅣは陰母音

語尾の三つの接続パターン

語尾が語幹に接続するパターンは、次の三つの型に分けることができます。

基本形	❶型	❷型	❸型
보다　見る	보＋고	보＋세요	보＋아요
먹다　食べる	먹＋고	먹＋으세요	먹＋어요

❶型
語幹にそのまま付けるパターン。

❷型
語幹の最後にパッチムがなければ、そのまま語尾を付け、パッチムがあれば으をプラスして語尾を付けるパターン。パッチムがㄹのときだけ、ㄹが脱落することがあります。

❸型
語幹の最後の母音が陽母音なら아をプラスして語尾を付け、陰母音なら어をプラスして語尾を付けるパターン。ただし하다や〜하다で終わる用言は하다用言といって、別扱いで여をプラスし해となり、そこに語尾を付けます。

以上、三つの接続パターンを見てみましたが、韓国語は語尾(や表現)の種類が何型かによって、どのパターンで接続するかが決まります。語尾や表現には、現在や過去などの時制を表すものもあれば、言葉遣いの丁寧さやぞんざいさを表すもの、理由や逆接を表すものなど、いろいろなものがあります。その中の幾つかを、接続パターン別に取り上げてみます。

❶型　-고 싶다　～したい

　　　-지만　～するけれど、～だけど

　　　-기로 했다　～することにした

　　　-던　～だった

❷型　-세요/-으세요　～されます、～でいらっしゃいます

　　　-러/-으러　～しに

　　　-니까/-으니까　～するから、～だから

　　　-면/-으면　～するなら

❸型　-아요/-어요　～します

　　　-아야/-어야 한다　～しないといけない

　　　-았다/-었다　～した

　　　-아/-어 주다　～してくれる

過去形の作り方

上に挙げた❸型の表現の中に、**-았다/-었다**（～した）というものがあります。これは、過去形を作る接尾辞**-았-/-었-**に語尾**-다**が付いたものです。接尾辞は、語幹に付けた後、その後ろにさらに別の語尾を付けることができます。例えば、❸型の**-아요/-어요**を後ろに付けると、次のようになります。

보다 見る		**보 + 았 + 어요**
먹다 食べる		**먹 + 었 + 어요**

このように、語幹と語尾との間に挟むように使います。❸型なので、語幹の母音が陽母音の場合は**-았-**を、陰母音の場合は**-었-**を付けます。ただし、**-았-/-었-**の後ろに❸型の語尾を付ける場合、**-았-**も**-었-**も陰母音扱いとなるため、**-어**の方を付けるということに注意が必要です。

縮約のルール

❸型で、語幹末にパッチムがない語幹に語尾が付く場合、語幹末の母音と語尾が縮約します。縮約は、語幹末の母音が何であるかによって、縮約の仕方が決まります。母音それぞれの縮約のルールを-**아요**/-**어요**(〜します)を付けた形で、まとめました。

ㅏ+아요→ㅏ요

가다 行く ▶ **가 + 아요** ▶ **가요** 行きます

ㅗ+아요→ㅘ요

오다 来る ▶ **오 + 아요** ▶ **와요** 来ます

ㅜ+어요→ㅝ요

배우다 習う ▶ **배우 + 어요** ▶ **배워요** 習います

ㅡ+어요→ㅓ요

크다 大きい ▶ **크 + 어요** ▶ **커요** 大きいです

ㅣ+어요→ㅕ요

마시다 飲む ▶ **마시 + 어요** ▶ **마셔요** 飲みます

ㅐ+어요→ㅐ요

지내다 過ごす ▶ **지내 + 어요** ▶ **지내요** 過ごします

ㅚ+어요→ㅙ요

되다 なる ▶ **되 + 어요** ▶ **돼요** なります

韓国語の基礎5　言葉遣い

韓国語の言葉遣いの違いは、語尾に多く表れます。ここでは、語尾に表れた言葉遣いの幾つかについて簡略にまとめました。

かしこまった丁寧形（ハムニダ体）

かしこまった丁寧形のハムニダ体は、公式的、断定的なニュアンスがある言葉遣いです。平叙文は-ㅂ니다/-습니다で終わり、疑問文には-ㅂ니까?/-습니까?が付きます。ニュースやビジネスなどの改まった席でよく使われ、また普段の会話でも礼儀正しい感じを出したいときに使います。

저는 배철수입니다. 私はペ・チョルスです。

잘 부탁합니다. よろしくお願いします。

うちとけた丁寧形（ヘヨ体）

うちとけた丁寧形のヘヨ体は、丁寧で柔らかい印象を受ける言葉遣いで、会話でよく使われます。ヘヨ体は、平叙文、疑問文、勧誘文、命令文全てが-아요/-어요で終わります（文末のイントネーションで区別します）。

여기는 동대문시장이에요. ここは東大門市場です。

한국에서 친구가 와요. 韓国から友人が来ます。

이거 얼마예요? これ、いくらですか?

같이 노래해요. 一緒に歌いましょう。

빨리 가요. 早く行ってください。

尊敬表現

目上の人と話すときは、通常尊敬の接尾辞 **-시-**/**-으시-** を用いて敬意を表します。下の例では、**합니다**体と**해요**体の中で用いられています(**해요**体では-**세요**になります)。最初の例文では、自分の会社の社長のことを**사장님**(社長さま)と言っていますが、これは韓国語の敬語が絶対敬語であるからです。相手が内部の人であれ、自分より目上の人について話すときは敬語を使います。

합니다体／해요体

저희 회사 사장님이십니다. ／사장님이세요.
私どもの会社の社長です。

아버지는 신문을 읽으십니다. ／읽으세요.
父は新聞をご覧になっています。

일본에서 오십니까? ／오세요?
日本からいらっしゃいますか?

어서 들어오십시오. ／들어오세요.
早くお入りください。

パンマル(ヘ体)

パンマル(ヘ体)とはぞんざいな言葉遣いのこと。日本語の「タメ口」と考えると分かりやすいでしょう。パンマルは同年代や年下に対して使い、目上の人に対して使うのは禁物ですが、母や兄、姉、年の近い先輩など、ごく親しい相手であれば年上や目上の人に対しても使うことがあります。K-POPの歌詞にもよく登場する形です。パンマルの基本形は、くだけた丁寧形の**해요**体から**요**を取った形です。ただし、指定詞**-예요/이에요**(〜です)の場合、**-야/-이야**(〜だ)となります。

그래? そう?
이제 늦었으니까 자. もう遅いから寝な。
그것은 상식이야. それは常識だよ。

上記の例文は、丁寧形の**해요**体であれば、それぞれ**그래요**、**자요**、**상식이에요**となります。

下称形（한다体）

韓国語には、目上の人が目下の人に、あるいは非常に親しい友人同士で使う、ぞんざいな表現、下称形（**한다**体）というものもあります。下称形は、もっともぞんざいな言葉遣いです。例えばパンマルは親やごく親しい先輩などに使うことができますが、目上・年上の人に下称形を使うことはできません。例えば、平叙文では-**다**、疑問文では-**냐**や-**니**で終わり、命令文では-**라**、勧誘文では-**자**で終わります（このほかのパターンも幾つかあります）。パンマル同様、K-POPの歌詞によく登場する形です。また、下称形は、日本語の「だ・である体」同様に、日記、随筆、小説など、文章でもよく使われます。

생일 축하한다. 誕生日おめでとう。

지금 몇 살이니? 今何歳だい？

얼른 먹어라. 早く食べろ。

韓国語の基礎6 変則活用

P.99で用言の活用について見ましたが、実は韓国語には規則的に活用する用言と不規則に活用する用言があります。ここでは不規則に活用する用言について見てみましょう。

変則活用の種類

ㄹ語幹

子音のㄴ、ㅅ、ㅂが後続するとㄹパッチムが脱落するのが特徴です。ㄹと接続するとㄹが一つになります。

알다 知る	▶	압니다
들다 入る	▶	드세요

ㄷ変則

母音が後続するとㄷパッチムがㄹパッチムに変わるのが特徴です。

듣다 聞く	▶	들어요
걷다 歩く	▶	걸어요

으語幹

母音の아、어が後続すると、語幹から―が落ちて子音と後続の母音が結合するのが特徴です。아が付くか어が付くかは、語幹末の母音ではなく、後ろから二つ目の母音の陰陽によって決まります。

아프다 痛い	▶	아파요
크다 大きい	▶	커요

ㅂ変則

語幹の直後に으が来るとㅂパッチム+으が우に、語幹の直後に아、어が来るとㅂパッチム+아、어が와、워になるのが特徴です。なお、와となるのは、곱다（美しい）と돕다（助ける）のみです。

덥다 暑い	▶	더운、더워요

ㅅ変則

母音が後続するとㅅパッチムが脱落し、その際、**가**(**다**)+**아요**=**가요**のような縮約が起こらないのが特徴です。

낫다 治る ▸ **나아요**

짓다 建てる ▸ **지어요**

르変則

르変則用言は、語幹に**아**が後続したら**르**が**ㄹ라**、**어**が後続したら**르**が**ㄹ러**に変わるのが特徴です。**아**が付くか**어**が付くかは、語幹末の母音ではなく、後ろから二つ目の母音の陰陽によって決まります。

모르다 知らない ▸ **몰라요**

다르다 違う ▸ **달라요**

ㅎ変則

ㅎパッチムで終わっている形容詞は、**좋다**(良い)を除いて全てㅎ変則に該当します。語幹の直後に**으**が後続したらㅎパッチムと**으**が落ちます。**아**、**어**が後続したらㅎパッチムが落ち、母音のㅣが追加されます。

그렇다 そのようだ ▸ **그래요**

하얗다 白い ▸ **하얘요**

빨갛다 赤い ▸ **빨개요**

러変則

누르다(黄色い)、**푸르다**(青い)、**이르다**(着く)のみで、語幹に**어**が後続すると**어**が**러**に変わるのが特徴です。

이르다 至る ▸ **이르러요**

韓国語の基礎7　連体形

連体形とは、名詞を修飾する用言の活用形のことです。ここでは連体形の作り方をまとめました。

連体形の作り方

공부하는 날(勉強する日)は、「勉強する」が「日」を修飾しています。日本語では「勉強する」は連体形でも「勉強する」のままですが、韓国語では、基本形**공부하다**(勉強する)の語幹**공부하**に、語尾**-는**を接続して連体形にします。

```
  コンブハダ         ヌン        コンブハヌン
  공부하다   +   는   →   공부하는   勉強する〜
    ↑  ↓         ↑
   語幹 取る      語尾
```

一見簡単そうですが、韓国語の連体形は、用言の品詞によって使う語尾に違いがあり、現在、過去、未来の時制によっても語尾を区別しないといけません。品詞、時制ごとに、語尾の違いを見てみましょう。

品詞	現在	過去	未来
動詞	-는	-ㄴ/-은	-ㄹ/-을
形容詞	-ㄴ/-은	-았던/-었던	
指定詞	-ㄴ		
存在詞	-는		

※ -ㄴ/-은、-ㄹ/-을は「パッチムなし／パッチムあり」によって使い分け、-았던/-었던は「陽母音／陰母音」によって使い分けます。

では次に、それぞれの品詞に、上の表の語尾を付けた例を見くみましょう。未来の連体形は全て同じなので、現在と過去の連体形さえきちんと区別できればいいわけです。

1.動詞

	現在	過去	未来
가다 行く	가는	간	갈
먹다 食べる	먹는	먹은	먹을

形容詞

	現在	過去	未来
기쁘다 うれしい	기쁜	기뻤던	기쁠
좋다 いい	좋은	좋았던	좋을
쌀쌀하다 涼しい	쌀쌀한	쌀쌀했던	쌀쌀할

指定詞

	現在	過去	未来
이다 〜だ	인	이었던	일
아니다 〜ではない	아닌	아니었던	아닐

存在詞

	現在	過去	未来
있다 いる、ある	있는	있었던	있을
없다 いない、ない	없는	없었던	없을

変則活用用言の連体形

変則活用用言（P.106参照）のうち、ㄹ語幹用言、ㅂ変則用言、ㄷ変則用言、ㅅ変則用言は、連体形を作るときにも不規則に活用します。

ㄹ語幹（動詞）

ㄴと接続するときにㄹが脱落、ㄹと接続するときㄹが一つに。

	現在	過去	未来
팔다 売る	파는	판	팔

ㅂ変則（形容詞）
母音と接続するときにㅂが우になる。

		現在	過去	未来
맵다	辛い	매운	매웠던	매울

ㄷ変則（動詞）
母音と接続するときにㄷがㄹになる。

		現在	過去	未来
듣다	聞く	듣는	들은	들을

ㅅ変則（動詞）
母音と接続するときにㅅが脱落する。

		現在	過去	未来
낫다	治る	낫는	나은	나을

辞書の引き方

好きなK-POPの歌詞の意味を知りたいですよね。歌詞の韓国語を調べる際に大変役に立つ、辞書の引き方を紹介します。

辞書引きの基本

まず初めに、韓国語辞書の引き方の基本を覚えましょう。韓国語を辞書で引くときは、調べたい言葉の子音、母音、パッチムの順に見ていきます。例えば**사랑**（愛）という単語を調べてみましょう。

STEP 1

最初の文字の子音を探します。**사**の子音は**ㅅ**ですね。辞書には子音は下の順序で掲載されていますので、その中から**ㅅ**を引きます。

〈子音の掲載順〉
子音は平音→激音の順で並んでいますが、濃音は、それぞれの濃音が対応する平音の直後に入ります。

子音	ㄱ → ㄴ → ㄷ → ㄹ → ㅁ → ㅂ → ㅅ → ㅇ → ㅈ → ㅊ → ㅋ → ㅌ → ㅍ → ㅎ
濃音	ㄲ　　　ㄸ　　　　　ㅃ　ㅆ　　ㅉ

STEP 2

次に最初の文字の母音を探します。**사**の母音は**ㅏ**ですね。母音は下の順序で掲載されていますので、**ㅏ**を引きましょう。

〈母音の掲載順〉
基本母音の並びの間に、複合母音が入りますが、その位置は、複合母音に含まれる最初の母音と同じ並びに入ります。

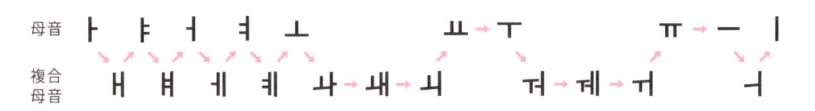

母音	ㅏ　ㅑ　ㅓ　ㅕ　ㅗ　　　　ㅛ　ㅜ　　　　ㅠ → ㅡ → ㅣ
複合母音	ㅐ　ㅒ　ㅔ　ㅖ　ㅘ → ㅙ → ㅚ　ㅝ → ㅞ → ㅟ　　ㅢ

ㅅと**ㅏ**を引いた時点で、**사**から始まる単語が並んでいますので、次は2文字目の**랑**を引きます。子音の**ㄹ**、母音の**ㅏ**は①〜②の通りです。ここまで引ければ**사라**で始まる単語が並んでいるはずです。

STEP 3

次は**랑**のパッチムの**ㅇ**を引きます。

〈パッチムの掲載順〉

パッチムの並び順は、2重子音の左側のパッチムが対応する平音の並びに入ります。左側の子音が同じ場合、右側の子音が平音の並び順で並んでいます。

子音　　ㄱ　　　ㄴ　　　ㄷ → ㄹ　　　　　　　　　　　　　　　ㅁ →

パッチム　ㄲ → ㄳ　ㄵ → ㄶ　　　ㄺ → ㄻ → ㄼ → ㄽ → ㄾ → ㄿ → ㅀ

→ ㅂ　　ㅅ　　ㅇ → ㅈ → ㅊ → ㅋ → ㅌ → ㅍ → ㅎ

　　　ㅄ　　ㅆ

一見、複雑そうに思える並び順ですが、ハングルの習い始めに覚える母音**아**、**야**、**오**、**요**……や、子音**ㄱ**、**ㄴ**、**ㄷ**、**ㄹ**……を理解していれば、辞書を引くことを繰り返すうちに自然と身に付きますよ。

名詞と助詞

辞書引きの基本を覚えたら、次は調べたい言葉を一つずつ辞書で引けるようにしましょう。名詞(代名詞)や副詞、感嘆詞などは、単語がそのまま辞書に掲載されているので、辞書を引けばその言葉が何であるかはすぐに調べる事ができます。

하루　이틀　한달　　　　　　　　　　　　　(Only One/BoA)
　1日　　2日　　1ヶ月

영원히　함께　　　　　　　　　　　　　　　(하루하루/BigBang)
　永遠に　一緒に

하루や**영원히**など全てそのままの形で辞書に載っていますよね。

次に、下の歌詞を見てください。これはどうでしょう?

그녀에게　빛이　나는　법을　　　　　　　　(줄리엣/SHINee)

下線部のそれぞれの単語に、名詞と助詞が入っています。どこまでが名詞で、どこからが助詞か分かりますか? これらを辞書で引くには、まず、助詞(P.98参照)を探し出します。助詞は名詞の後ろに付いて用いられることがほとんどなので、〜에게(〜に)、〜이(〜が)、〜을(〜を)が助詞と分かったら、必然的にその前の言葉は名詞で

113

ある可能性が高いことが分かります。名詞ならばそのままの形で辞書に掲載されているので、**그녀**(彼女)、**빛**(光)、**법**(方法)を辞書で引くことができるわけです。では下線の引かれていない**나는**はどうでしょう？ 　～**는**(～は)は基本的な助詞ですが、**나**(僕、私)＋～**는**(～は)では意味が通じませんね。**는**が助詞でないとしたらもう一つ考えられるのが連体形(P.108)です。この連体形の辞書の引き方は、後でご説明します(P.119)。

縮約形

名詞と助詞を引く際の大事なポイントがあります。下の歌詞を見てください。

그댈 보는 난	(Gee/소녀시대)
너의 하룬	(HUG/동방신기)

下線部は名詞と助詞の組み合わせなのですが、歌ではメロディーに合わせ、例えば**그대를**(あなたを)を**그댈**と短く発音することがあります。多くの場合、歌詞もその発音の通りに表記してあります。このような現象を縮約といいます。これらは、そのままの形で辞書には掲載されていないことが多いので、縮約形であることを見極める必要があります。まずは下線部を分解してみましょう。

그댈	▶	그대 あなた	＋	～를 ～を
난	▶	나 私	＋	～는 ～は

いかがですか？　注目すべきポイントは**ㄴ**、**ㄹ**パッチムです。体言に～**는**、～**를**が付いたときに、それぞれの助詞が縮約してパッチムの位置に来ていることが分かりますよね。**그댈**で辞書を引いて出てこないときは、**그대**と**ㄹ**パッチムに分解し、**그대**を辞書で引き、～**를**を付ければいいのです。助詞の縮約は、～**는**、～**를**以外にも、幾つかあります。代表的なものを見てみましょう。

이게	▶	이것 これ	＋	～이 ～が
네게	▶	너 君	＋	～에게 ～に
그건	▶	그것 それ	＋	～은 ～は
나란	▶	나 私	＋	～라는 ～という

また、名詞や副詞単独で縮約する場合があります。K-POPの歌詞によく登場するものを例に見てみましょう。

맘	▶	마음 心、気持ち
얘기	▶	이야기 話
첨	▶	처음 初めて
넘	▶	너무 とても

用言と語尾（変則活用）

さて、次は用言を引いてみましょう。用言は辞書には基本形（語幹＋-**다**）の形で掲載されています。実際の会話や文章で用言を使うときは必ず活用形（用言語幹＋語尾）になるので、逆に用言を辞書で引くには、その形から用言の語幹を探し出し、それを基本形に戻す必要があるのです。まずは比較的簡単に探せるものを見てみましょう。

語幹に直接付く語尾

単語の末尾に-**고**（～して）、-**지만**（～するけど）、-**자**（～しよう）などの語尾が付いていたら、それらは用言の語幹に直接付く語尾です。語尾の部分を取って-**다**を付けると辞書形になります。

아프고 아프지만 바보 같지만　　　　　　　　　　(Only One/BoA)

		語幹と語尾				基本形	
아프**고**	▶	아프＋고	▶	아프＋다	▶	아프다	つらい
아프**지만**	▶	아프＋지만	▶	아프＋다	▶	아프다	つらい
같**지만**	▶	같＋지만	▶	같＋다	▶	같다	～のようだ

-으-を含む語尾

-**으**-を含む語尾は、必ずそこから語尾が始まります。つまり、-**으**-という形を見つけたら、それよりも前が語幹だということが分かります。-**으**-を含む語尾には-**으면**（～ならば）、-**으면서**（～しながら）などがありますが、基本形にするには-**으**-以降を取って-**다**を付ければいいのです。

웃으면서 보자고

(죽어도 못 보내/2AM)

	語幹と語尾		基本形
웃으면서 ▶	웃+으면서 ▶	웃+다 ▶	웃다 笑う

母音語幹とㄹ語幹

なお、-으-を含む語尾は、一方で母音語幹やㄹ語幹と結合する場合、으が落ちます。つまり、これらの語幹では、語尾に-으-が現れず、例えば-으면や-으면서は、-면や-면서という形で始まります。なのでこれらの場合は、-면や-면서を取って-다を付ければ辞書形になります。

	語幹と語尾		基本形
아니면 ▶	아니+면 ▶	아니+다 ▶	아니다 違う
울면서 ▶	울+면서 ▶	울+다 ▶	울다 泣く

以上の用言は比較的簡単に語幹を見つけられますが、それ以外の用言は少々厄介です。

用言の語幹の形を変える語尾

用言の中には、場合によって語幹の形を変えて活用するものがあります(変則活用)。このような活用形は、語尾を取って-다を付けるだけでは基本形に戻すことができません。例えば、**아는**という言葉が出てきた場合、上で紹介した方法で基本形に戻しても、

아는 ▶ 아+는 ▶ 아다

となり、**아다**という言葉は辞書に掲載されていませんので、当然見つけられません。このように、上で紹介した方法で見つけられない場合、これは変則活用する前の語幹に戻してから-다を付ける必要があります。この変則活用には、さまざまな種類があり一見複雑に見えますが、一つひとつ見ていけば、一定のルールが見えてきます。

〈ケース① ㄹが脱落する場合〉

-세요、-는、-니까、-ㅂ니다などの語尾を見つけたら、これらの語尾を外して**ㄹ다**を付けてみましょう。先ほどの**아는**の場合がこのケースに当たりますね。

	語幹と語尾		基本形
아는 ▶	아+는 ▶	아+ㄹ다 ▶	알다 知る、分かる

このケースは、ㄹ語幹の用言です。語幹末のㄹパッチムは、ㅅ、ㅂ、ㄴで始まる語尾が付くと脱落するのが特徴です。

〈ケース② ㅅが脱落する場合〉

語幹が母音で終わっているのにもかかわらず、-으-や、連体形の-은が付いていたり、-아/-어で始まる語尾が続いているのに母音が縮約していなかったりしたら、**ㅅ다**を付けてみましょう。

	語幹と語尾		基本形
나으면 ▶	나+으면 ▶	나+ㅅ다 ▶	낫다 治る
지은 ▶	지+은 ▶	지+ㅅ다 ▶	짓다 建てる
부어요 ▶	부+어요 ▶	부+ㅅ다 ▶	붓다 注ぐ

語幹末にㅅを含む用言のうち幾つかは、-으-を含む語尾や、-아/-어で始まる語尾が来るとㅅが脱落します。例の他に잇다（つなぐ）、젓다（かき混ぜる）などがありますが、ㅅ変則用言の数は少ないので、覚えてしまえば迷うことはありません。

〈ケース③ ㅎが脱落する場合〉

이런、그런、저런、하얄、하얀や이래、그래、저래、하얘を見つけたら、ㅎ変則用言を疑いましょう。**좋다**以外の語幹末に**ㅎ**を含む形容詞の全てがㅎ変則用言です。しかも、形容詞の中でも「**이렇다**（このようだ）/**그렇다**（そのようだ）/**저렇다**（あのようだ）/**어떻다**（どのようだ）」と、色を表す形容詞に限られています。歌詞や日常生活でよく登場するㅎ変則用言を見てみましょう。

+은	+ -아요/-어요		
이런	이래요	이렇다	このようだ
그런	그래요	그렇다	そのようだ
저런	저래요	저렇다	あのようだ
파란	파래요	파랗다	青い
하얀	하얘요	하얗다	白い

ㅎ変則用言は、-으-を含む語尾が付くと、語幹のㅎと-으-が脱落し、-아/-어で始まる語尾が付くと、語幹のㅎが脱落し、母音のㅣが追加されます。

〈ケース④ 母音の으が脱落する場合〉

見た目は普通の母音語幹に見えるのに、語幹に-다を付けた形で辞書を引いても見つからない場合は、語幹のㅏ/ㅓを取って_다を付けてみましょう。

語幹と語尾			基本形	
써요 ▶	싸+ㅓ요 ▶	싸+_다 ▶	쓰다	使う
아파요 ▶	아ㅍ+ㅏ요 ▶	아ㅍ+_다 ▶	아프다	痛い

このケースは으語幹の用言です。語幹末に母音のㅡがある用言は、-아/-어で始まる語尾が付くと、ㅡが脱落し、語幹末の子音と-아/-어が結合します。-아/-어のどちらが付くかは、語幹末から2番目の母音の陰陽によって決まります。

〈ケース⑤ ㅂが우になるもの〉

活用形の語幹に、운、울、우、와、워を含む単語があったら、それらの文字から後ろを取って、ㅂ다を付けてみましょう。

語幹と語尾			基本形	
귀여운 ▶	귀여+운 ▶	귀여+ㅂ다 ▶	귀엽다	かわいい
부끄러워요 ▶	부끄러+워요 ▶	부끄러+ㅂ다 ▶	부끄럽다	恥ずかしい
도우세요 ▶	도+우세요 ▶	도+ㅂ다 ▶	돕다	助ける

このケースはㅂ変則用言です。語幹末にㅂを含む用言のうち幾つかは、-으-を含む語尾が来ると、これと合わさって우になり、-아/-어で始まる語尾が来るとこれと合体して와や워になります。

〈ケース⑥ ㄷがㄹになるもの〉

ㄹパッチムの次に、-으-を含む語尾や-아/-어を含む語尾が来ていたら、ㄹパッチムをㄷパッチムに変えて-다を付けてみましょう。

語幹と語尾			基本形	
들은 ▶	들+은 ▶	듣+다 ▶	듣다	聞く
걸어요 ▶	걸+어요 ▶	걷+다 ▶	걷다	歩く

このケースはㄷ変則用言です。語幹末にㄷを含む用言のうち幾つかは、-으-を含む語尾や-아/-어を含む語尾が来ると、ㄷがㄹに変わります。ただしㄹ語幹用言に似ているので注意です。例えば例の들은は、은を取った들に、そのまま다を付けると들다(入る)になります。ㄷ変則用言かㄹ語幹用言かは文脈から判断する必要があります。ほかにもㄹ語幹の場合は-으-が来ないのが目印になります。

〈ケース⑦ -르-が-ㄹ라/-ㄹ러になるもの〉

ㄹ라/ㄹ러という形を見つけたら、これらを取ってㄹ다を付けてみましょう。

	語幹と語尾		基本形	
몰라 ▶	모+ㄹ라 ▶	모+르다 ▶	모르다	知らない、分からない
달라 ▶	다+ㄹ라 ▶	다+르다 ▶	다르다	違う

このケースは르変則用言です。語幹末に르がある用言は、-아/-어で始まる語尾が付くとㄹ라/ㄹ러という形になります。

連体形

連体形も用言の語幹＋語尾の形ですが、助詞と似たものが多く、混同しやすいので注意が必要です。語幹と語尾を見極め、辞書形に戻すにはちょっとしたこつが必要です。まずは品詞別に、現在・過去・未来連体形をまとめた表を見てみましょう。

品詞	現在	過去	未来
動詞	-는	-ㄴ/-은	-ㄹ/-을
形容詞	-ㄴ/-은		
指定詞	-ㄴ	-았던/-었던	
存在詞	-는		

いかがですか？　助詞で取り上げた曲の例をもう一度見てみましょう。

그녀에게 빛이 나는 법을　　　　　　　　　　（줄리엣/SHINee）

この下線の部分が、나 (僕、私)+~는 (~は) ではなく、語幹+-는である可能性が見えてきましたね。それでは、連体形の語尾の形ごとに語幹を見極める方法を見ていきましょう。

-는

-는は、用言の語幹の形を変えずに付く場合と、用言がㄹ語幹(P.106)でㄹが脱落して付く場合の2通りが考えられます。

나는 出る〜	나다＋-는	動詞の現在連体形
나는 飛ぶ〜	날다＋-는	動詞の現在連体形のㄹ語幹

❗ 나는(私は)は、나(私)＋〜는(〜は)

-ㄴ/-은

-ㄴ/-은は、用言の語幹の形を変えずに付きます。動詞の過去連体形、形容詞の現在連体形のいずれもこの形で助詞が縮約した形とも混同しやすいので注意が必要です。

먹은 食べた〜	먹다＋-은	動詞の過去連体形
난 出た〜	나다＋-ㄴ	動詞の過去連体形

❗ 난(私は)は、나는の縮約形

-ㄹ/-을

-ㄹ/-을は、用言の語幹の形を変えずに付きます。助詞が縮約した形と混同しやすいので注意が必要です。

사랑할 愛する	사랑하다＋-ㄹ	動詞の未来連体形
있을 いる〜	있다＋-을	存在詞の未来連体形

❗ 그댈(彼女を)は、그대를の縮約形

-았던/-었던

形容詞、指定詞、存在詞の-았던/-었던は、助詞と混同することはないのですが、母音で終わる用言の語幹と過去形の-았-/-었-が付くと、その多くに母音の縮約が起こります。正確な語幹を見極めるには縮約のルール(P.102)を理解する必要があるのです。

먹었던 食べていた〜	먹다＋-었던	動詞の過去連体形
갔던 行った〜	가다＋-았던	動詞の過去連体形

語尾・表現

これまでは、体言、用言を辞書で引くポイントをご紹介してきましたが、語尾はどうでしょう?

이겨내 버릴 텐데 　　　　　　　　　　　　　　　　　　　　（HUG/동방신기）

この1文を翻訳するには**이겨내다**（勝ち抜く）という用言を取り出し、語尾**-어 버릴 텐데**を、**-아/-어 버리다**（〜してしまう）と、**-ㄹ/-을 텐데**（〜するはずなのに）というパーツに分け、それぞれを辞書で引く必要があります。多くの辞書では**-아/-어 버리다**の場合、**-아 버리다**、**-어 버리다**の両方が、**-ㄹ/-을 텐데**の場合は**-ㄹ 텐데**、**-을 텐데**の両方から引けるようになっています。P.112の引き方通りに探せばいいのですが、例えば**-ㄹ**などの子音だけの場合は、**라**の前に来ます。

パーツに分けるには、より多くの語尾を、日々の学習で習得する必要があります。本編でも数多くの語尾をご紹介していますが、次のページからは、本編で登場した語尾はもちろん、K-POPによく登場する語尾を掲載しました。いろいろな語尾が組み合わさったものについては、よく登場する語尾は一まとまりで覚えておくのもいいでしょう。

語尾・表現集

本編で紹介した曲に登場した語尾や、K-POPでよく登場する語尾・表現をまとめました。翻訳をする際に大変便利です。本編の文法解説に登場した語尾・表現は、その掲載ページを載せました。

ㄱ

－게	～く、～に	
－게끔	～く、～に	
－게 되다	～するようになる、～くなる、～になる	
－겠－	～だろう、～しそうだ (P. 52)	
－고	～して	
－고 싶다	～したい (P. 58)	
－고 오다	～してくる	
－고 있다	～している	
－고서	～してから	
－고프다	～したい	
－구나	～だなあ、～だねえ	
－기	～すること、～なこと	
－기는 하다	～しはする、～くはある	
－기로 하다	～することにする	
－기만 하다	～してばかりいる	
－기에	～するので、～なので	

ㄴ

－ㄴ 거	～したこと、～したもの、～なこと、～なもの	
－ㄴ 건 아니다	～したのではない、～なのではない	
－ㄴ 건지	～したのか、～なのか	
－ㄴ 걸까	～したのだろうか?、～なのだろうか?	

-ㄴ 것	〜したこと、〜したもの、〜なこと、〜なもの
-ㄴ가 보다	〜みたいだ、〜らしい、〜なようだ (P. 36)
-ㄴ걸	〜したんだよ、〜なんだよ (P. 37)
-ㄴ다 해도	〜するとしても、〜するといっても
-ㄴ다고 [1]	〜すると (P. 20)
-ㄴ다고 [2]	〜するからといって
-ㄴ다니	〜するというのか、〜するのだろうか
-ㄴ다면	〜するなら、〜するというならば
-ㄴ데	〜なのに、〜なのだが (P. 67)
-ㄴ지	〜するのか、〜なのか (P. 53)
-ㄴ지 모르다	〜なのか分からない
-나 보다	〜するようだ、〜しているようだ
-나 [1]	〜するが、〜だが、〜しても
-나 [2]	〜するのか、〜なのか、〜か
-냐고	〜なのかって
-네	〜するなあ、〜するね、〜だなあ、〜だね (P. 14)
-느냐고	〜するのかって
-는 거	〜すること、〜するもの
-는 건 아니다	〜するのではない
-는 건지	〜するのか
-는 걸까	〜するのだろうか
-는 것	〜すること、〜するもの
-는가 보다	→ -ㄴ가 보다を参照
-는걸	〜するなあ、〜するんだよ (P. 37)
-는다 해도	→ -ㄴ다 해도を参照
-는다고 [1]	→ -ㄴ다고 [1] を参照 (P. 20)
-는다고 [2]	→ -ㄴ다고 [2] を参照
-는다니	→ -ㄴ다니を参照

	-는다면	→ -ㄴ다면を参照
	-는데	〜するのに、〜するけれど (P. 67)
	-는지	〜するのか
	-는지 모르다	〜するのか分からない
	-니	〜なの?、〜なのか、〜するのか (P. 20)

ㄷ

	-다 해도	〜だとしても、〜だといっても
	-다고 ¹	〜だと
	-다고 ²	〜だといって
	-다니	〜なんて、〜するとは、〜だとは
	-다면	〜なら、〜だというならば
	-더라	〜していたよ、〜だったよ
	-더라면	〜したなら、〜していたなら、〜だったなら
	-던	〜した、〜だった
	-도록	〜するほどに、〜しても、〜するように
	-듯	〜するように (P. 74)
	-듯이	〜するように (P. 74)

ㄹ

	-ㄹ 거	〜すること、〜なこと
	-ㄹ 거다	〜するだろう、〜するつもりだ
	-ㄹ 거라고	〜するだろうと、〜するつもりだと、〜だろうと
	-ㄹ 거라면	〜するなら、〜するつもりなら、〜のなら
	-ㄹ 것	〜すること、〜なこと
	-ㄹ 것 같다	〜しそうだ、〜なようだ (P. 28)
	-ㄹ 것이다	〜するつもりだ、〜だろう (P. 44)
	-ㄹ 듯	〜するように (P. 74)

-ㄹ 듯하다	~するかのようだ、~なようだ (P. 74)
-ㄹ 만하다	どうにか~できる、~するだけのことはある (P. 85)
-ㄹ 만큼	~するほど、~するだけ
-ㄹ 수 없다	~できない
-ㄹ 수 있다	~できる
-ㄹ 줄 모르다	~するとは思わない、~するすべを知らない (P. 66)
-ㄹ 테니	~するはずだから、~するつもりだから、~なはずだから
-ㄹ 텐데	~するはずなのに、~なはずなのに (P. 58)
-ㄹ게요	~します (P. 75)
-ㄹ까	~するだろうか、~だろうか、~しようか (P. 52)
-ㄹ까 보다	~するかと思う、~であるかと思う
-ㄹ래	~するよ、~するか
-ㄹ수록	~するほど、~なほど
-ㄹ지도 모르다	~するかもしれない、~かもしれない (P. 84)
-라고 [1]	~と
-라고 [2]	~だといって
-라니	~だなんて
-라며	~だといいながら、~だといって
-라면	~しろというなら、~しろというと
-라면서	~だといいながら、~だといって
-란	~という
-란 거다	~しろというのだ
-려거든	~するなら、~なら、~しようとするなら
-려고	~しようと

ㅁ

-며	~で、~であり、~しながら
-면	~すれば、~したら、~なら
-면서	~しながら、~するのに、~なのに

ㅇ

-아	~して、~ので、~くて
-아 가다	~していく
-아 두다	~しておく
-아 버리다	~してしまう (P. 29)
-아 보다	~してみる (P. 14)
-아 보이다	~く見える
-아 주다	~してくれる、~してあげる
-아 줄래	~してくれる? (P. 28)
-아도	~しても、~でも、~ても (P. 44)
-아라	~しろ (P. 84)
-아서	~して、~ので
-아야	~してこそ、~でこそ
-아야 하다	~しなければならない、~でなければならない (P. 74)
-아야겠다	~しなければ。~でなければ。
-았-	~した、~かった、~だった
-았으면 싶다	~したい、~したらいい、~ならいい
-어	→-아を参照
-어 가다	→-아 가다を参照
-어 두다	→-아 두다を参照
-어 버리다	→-아 버리다を参照 (P. 29)
-어 보다	→-아 보다を参照 (P. 14)
-어 보이다	→-아 보이다を参照
-어 주다	→-아 주다を参照

-어 줄래	→ -아 줄래を参照 (P. 28)
-어도	→ -아도を参照 (P. 44)
-어라	→ -아라を参照 (P. 84)
-어서	→ -아서を参照
-어야	→ -아야を参照
-어야 하다	→ -아야 하다を参照 (P. 74)
-어야겠다	→ -아야겠다を参照
-었-	→ -았-を参照
-었으면 싶다	〜したらと思う、〜だったらと思う
-으나	→ -나¹を参照
-으냐고	→ -냐고を参照
-으라면	→ -라면を参照
-으란	→ -란を参照
-으려거든	→ -려거든を参照
-으려고	→ -려고を参照
-으며	→ -며を参照
-으면	→ -면を参照
-으면서	→ -면서を参照
-은 거	→ -ㄴ 거を参照
-은 건 아니다	→ -ㄴ 건 아니다を参照
-은 건지	→ -ㄴ 건지を参照
-은 걸까	→ -ㄴ 걸까を参照
-은 것	→ -ㄴ 것을 参照
-은가 보다	→ -ㄴ가 보다を参照 (P. 36)
-은걸	→ -ㄴ걸을 参照 (P. 37)
-은데	→ -ㄴ데を参照 (P. 67)
-은지	→ -ㄴ지を参照 (P. 53)
-은지 모르다	→ -ㄴ지 모르다を参照

－을 거다	→ －ㄹ 거다を参照
－을 거라면	→ －ㄹ 거라면を参照
－을 것 같다	→ －ㄹ 것 같다を参照 (P. 28)
－을 것이다	→ －ㄹ 것이다を参照 (P. 44)
－을 듯	→ －ㄹ 듯을 参照 (P. 74)
－을 듯하다	→ －ㄹ 듯하다を参照 (P. 74)
－을 만큼	→ －ㄹ 만큼을 参照
－을 만하다	→ －ㄹ 만하다を参照 (P. 85)
－을 수 없다	→ －ㄹ 수 없다를 参照
－을 수 있다	→ －ㄹ 수 있다를 参照
－을 줄 모르다	→ －ㄹ 줄 모르다를 参照 (P. 66)
－을 테니	→ －ㄹ 테니를 参照
－을 텐데	→ －ㄹ 텐데를 参照 (P. 58)
－을게요	→ －ㄹ게요를 参照 (P. 75)
－을까	→ －ㄹ까를 参照 (P. 52)
－을까 보다	→ －ㄹ까 보다를 参照
－을래	→ －ㄹ래를 参照
－을수록	→ －ㄹ수록를 参照
－을지도 모르다	→ －ㄹ지도 모르다를 参照 (P. 84)
－음	～すること、～なこと

ㅈ

－자	～しよう (P. 45)
－자고	～しようと
－자던	～しようといっていた
－자마자	～するやいなや、～したらすぐに
－잔	～しようという
－잖아	～じゃないか (P. 59)

-죠	~しましょう、~でしょう、~ですよ (P. 36)	
-지	~するよ、~だろう、~だよ、~しよう (P. 36)	
-지 말다	~することをやめる (P. 15)	
-지 못하다	~できない	
-지 않다	~しない	
-지 않으려고	~しないように	
-지만	~するが、~だが (P. 21)	

ハングルのタイピング法

パソコンやスマートフォンで、ハングルをタイピングする方法をご紹介します。インターネットで、お目当てのアーティストの動画や情報を検索する際に役に立ちます。

ハングル入力の準備

お使いのパソコンやスマートフォンで、ハングルを入力するには、簡単な設定をする必要があります。

🖥 パソコン

Windows 7
「コントロールパネル」▶「キーボードまたは入力方法の変更」▶「キーボードの変更」で韓国語を追加できます。入力する時は、「Alt+Shift」で切り替えるか、IMEをクリックして入力モードを韓国語にします。

Mac OS X
「システム環境設定」▶「言語環境」▶「入力メニュー」で韓国語を選ぶことで、ハングルの入力が可能になります。入力する時は、「option+command+Spaceキー」で切り替えるか、入力モードの中から韓国語を選択します。

📱 スマートフォン

Android
Play Storeで韓国語入力用App（Google Korean IMEなど）をダウンロードし、インストールします。
「設定」▶「言語と文字入力」で使うキーボードを選択し、入力する時は、ステータスバーを引き出し、「入力方法の選択」から韓国語入力を選択します。
※機種によっては、最初からハングルキーボードがインストールされている場合もあります。

iPhone
「設定」▶「一般」▶「キーボード」▶「各国のキーボード」▶「キーボードを追加」で韓国語を追加します。入力するときは、「地球」マークをタップすると切り替わります。

ハングルのタイピング方法

ハングルのタイピング方法にはローマ字入力もありますが、ハングルを子音キーと母音キーの二つの組み合わせで入力する**두벌식**(2ボル式)が基本です。ハングルの1文字は「子音＋母音」もしくは「子音＋母音＋子音」の組み合わせでできていますので、ハングルキーボードで入力する場合もこの順番で入力します。

2ボル式ハングル入力　※記号の配列はUSキーボードと同じになります。

濃音
濃音になり得る
子音

激音

左手＝子音 ←｜→ 右手＝母音

キーボードのキーの配列はこのようになっています。子音を左手で、母音を右手で打っていきます。それでは、実際の入力方法を例で見て行きましょう。

① **가**　[R ㄱ] ＋ [K ㅏ]
子音に続いて母音を入力すると、一つの文字になります。

② **한**　[G ㅎ] ＋ [K ㅏ] ＋ [S ㄴ]
子音、母音に続いて、パッチムになり得る子音を打つと、自動的にパッチムの位置に入ります。

③ **하나**　[G ㅎ] ＋ [K ㅏ] ＋ [S ㄴ] ＋ [K ㅏ]
②に続いて母音を入力すると、パッチムの位置にあった子音が、次の文字に移ります。

④ **까치**　([⇧Shift] ＋ [R ㄱ]) ＋ [K ㅏ] ＋ [C ㅊ] ＋ [L ㅣ]
Shiftを押しながらㄱㄷㅂㅅㅈのキーを打つと濃音になります。

⑤ **맑다**　[A ㅁ] ＋ [K ㅏ] ＋ [Z ㄹ] ＋ [R ㄱ] ＋ [E ㄸ] ＋ [K ㅏ]
子音＋母音に続けて該当する子音キー二つを続けて打つと複合パッチムが現れます。

⑥ **왜**　[D ㅇ] ＋ [H ㅗ] ＋ [O ㅐ]
複合母音ㅒㅖはShift＋ㅐㅔで、ㅘ、ㅝ、ㅙ、ㅞ、ㅟ、ㅢは、例えばㅘの場合はㅗ＋ㅏと、母音を2度続けて打つことで入力します。

⑦ **먼 나라**　[A ㅁ] ＋ [J ㅓ] ＋ [S ㄴ] ＋ [Space] ＋ [S ㄴ] ＋ [K ㅏ] ＋ [F ㄹ] ＋ [K ㅏ]
分かち書きは、スペースキーで行います。

131

▶ K-POPお役立ちサイト

You Tube
http://www.youtube.com/

言わずと知れた動画配信サイト。韓国では放送局や音楽事務所が公式にチャンネルを持ち、音楽番組やミュージックビデオなどの動画配信を行うことも多い。

Mnet
http://jp.mnet.com/

韓国の放送局Mnetが提供する韓国エンタメ情報サイト。有料会員になれば、24時間ライブ配信されている人気音楽番組などを見られる。

Kstyle
http://www.kstyle.com/

K-POPを中心に、韓国のエンタメ情報やニュース、話題のミュージックビデオなどが随時更新される。iPhone、アンドロイド対応のアプリもあり、いつでもどこでも最新情報を手に入れられる。

K-POPS
http://www.k-pops.jp/

K-POPに特化した韓流情報&コミュニティーサイト。会員登録すれば、K-POPのダウンロード購入やミュージックビデオの視聴などのさまざまなサービスが利用できる。

NAVER
http://www.naver.com/

韓国ナンバーワンポータル・サイト。アーティストの韓国公式ホームページなど、アーティストの情報を検索するときに役立つ。

※上記の情報は2013年5月現在の物です。サイト側の都合により変更になる場合もございます。

K-POPで韓国語!

2013年7月1日 初版発行

編者	HANA韓国語教育研究会
編集	松島 彩
編集協力	鷲澤仁志／辻 仁志
デザイン	トツカケイスケ
DTP	株式会社秀文社
印刷・製本	株式会社廣済堂
発行人	裵 正烈
発行	株式会社HANA
	〒102-0071 東京都千代田区富士見1-11-23
	TEL:03-6909-9380 FAX:03-6909-9388
	E-mail:info@hanapress.jp
発売	株式会社インプレスコミュニケーションズ
	〒102-0075 東京都千代田区三番町20
	TEL:03-5275-2442 FAX:03-5275-2444

ISBN978-4-8443-7566-1 C0087
©HANA 2013 printed in Japan
JASRAC 出1307004-301

〈 本の内容に関するお問い合わせ先 〉

HANA書籍編集部
TEL:03-6909-9380 FAX:03-6909-9388

〈 乱丁本・落丁本の取り替えに関するお問い合わせ先 〉

インプレスコミュニケーションズ カスタマーセンター
TEL:03-5275-9051 FAX:03-5275-2443

HANAの韓国語学習書

好評発売中!

あいうえおで引いてすぐ！使える韓国語用語集

いますぐ言いたいことを短い韓国語で表現できる、韓国旅行必携のハンディ版リファレンス。実際の旅行での使用可能性を考慮した約150用言を掲載。
定価 1,890円（税込）。224ページ。

単語カードで韓国語マスター　入門単語編　ハングル検定5級レベル

単語カードは語学学習の原点！　シンプルで効果的な暗記法で韓国語をモノにできる。ハングル検定5級レベルの単語を効率よく覚える。
定価 1,890円（税込）。188ページ、CD 1枚付き。

単語カードで韓国語マスター　初級単語編　ハングル検定4級レベル

単語カードは語学学習の原点！　シンプルで効果的な暗記法で韓国語をモノにできる。ハングル検定4級レベルの単語を効率よく覚える。
定価 1,890円（税込）。210ページ、CD 1枚付き。

多読多聴の韓国語　初級編　対訳世界名作文学

日本人によく知られている海外と日本の名作から18の物語を収めた、韓国語初級学習者のための対訳リーディング素材集。ハングル検定4・5級レベル。
定価 1,890円（税込）。120ページ、CD 2枚付き。

多読多聴の韓国語　初級編　対訳韓国の古典

広く親しまれている韓国の古典の名作を、平易な韓国語でリライトし収めた、韓国語初級学習者のための対訳リーディング素材集。ハングル検定4・5級レベル。
定価 1,890円（税込）。128ページ、CD 2枚付き。

多読多聴の韓国語　初中級編　対訳韓国の人物

歴史上の人物、現代の俳優、著名人まで、韓国の人物20人の物語を平易な韓国語で収めた、韓国語初中級学習者のための対訳リーディング素材集。ハングル検定3級レベル。
定価 1,890円（税込）。150ページ、CD 2枚付き。

韓国語学留学ガイド

韓国語学留学を実現する方法や、現地の生活に必要な情報を詰め込んだガイドブック。学校選びや渡航・入学手続き、住居探しの方法から費用の試算まで、この1冊でOK。
定価 2,310円(税込)。200ページ。

改訂版 KBSの韓国語 標準発音と朗読

最も標準的な韓国語の発音を駆使する韓国放送公社(KBS)のアナウンサーたちによる、韓国の名作文学や放送原稿の朗読音声を模範にし、発音や音読の練習を行う。
定価 2,415円(税込)。184ページ、CD1枚付き。

楽しい韓国語の方言ワールド 話してみよう！釜山語(プサンマル)

韓国第2の都市、釜山で話されている方言「釜山マル」。この釜山マルを、音声から、文法から、フレーズから、音声ドラマから学べる、日本初の学習書。
定価 2,310円(税込)。168ページ、CD1枚付き。

趙善玉の誰でも作れる韓国トック

韓国人にとってごく日常的なおやつであるトック(餅)。そんなバリエーション豊かなトックを家庭で作ることができる日本初のレシピブック。
定価 1,890円(税込)。96ページ。

全国の書店・オンライン書店でお買い求めいただけます！

【お問い合わせ】株式会社HANA
TEL　03-6909-9380
FAX　03-6909-9388
MAIL　info@hanapress.jp

HANAは韓国語を学ぶ
すべての人を応援しています！

HANA